Andrea Schwarz

Vom Engel, der immer zu spät kam

Andrea Schwarz

Vom Engel,
der immer zu spät kam

Meine schönsten Weihnachtsmärchen

Mit Illustrationen
von Jules Stauber

Herder
Freiburg · Basel · Wien

5. Auflage 2000

Alle Rechte vorbehalten – Printed in Germany

© Verlag Herder Freiburg im Breisgau 1997

Herstellung: Freiburger Graphische Betriebe

Gedruckt auf umweltfreundlichem,

chlorfrei gebleichtem Papier

ISBN 3-451-26461-7

Dieses Buch
ist allen Engeln
mit gebrochenen,
verletzten,
lädierten, ...
Flügeln
gewidmet.

Danke,
Norbert und Hermann,
für die Idee,
danke,
Christiane und Hiltrud,
danke ...

Inhalt

Die Geschichte von dem Osterhasen, der dem Nikolaus half

Zugegeben – der Winter ließ sich wirklich mild an in diesem Jahr. Es war bereits Anfang Dezember, und noch hatte es keinen Schnee gegeben, einige Zugvögel hatten glatt das Weiterziehen vergessen, ja, es gab sogar vereinzelt Weidenkätzchen, die sich bereits zum Blühen entschlossen hatten …

Das aber allein wäre sicher noch kein Grund für den Osterhasen gewesen, aus seinem wohlverdienten Winterschlaf aufzuwachen, denn milde Winter hatte es schon immer einmal gegeben. Sie schienen im Rhythmus der Natur vorgesehen zu sein, genauso wie es heiße oder verregnete Sommer gab, einen frühen oder späten Herbstbeginn … – und es ist wohl auch ganz gut, daß sich die Menschen hier eben nicht mit ihren Wünschen und Vorstellungen einmischen können.

Jedenfalls – in diesem Jahr erwachte der Osterhase am 3. Dezember von seinem üblichen Winterschlaf.

Ja – es ist mir durchaus bekannt, daß Hasen im allgemeinen keinen Winterschlaf halten –, aber haben

Sie sich schon einmal ernsthaft überlegt, was der Osterhase eigentlich nach Ostern macht?? Für die paar Tage ist der Osterhase sinnvoll und nützlich, aber dann … was würden Sie z.B. im Sommerurlaub mit einem Osterhasen anfangen wollen? Sehen Sie – genau das hat der Osterhase erkannt und sich entsprechend darauf eingerichtet. Nach dem Streß zu Ostern erholt er sich erst einmal, indem er in Urlaub geht. Im Juli und August läuft er ein bißchen in den Städten und auf dem Land herum, um sich zu informieren, was es so Neues gibt – irgendwoher muß er ja auch erfahren, welche Ostereier er im folgenden Jahr bringen soll.

Dann aber, wenn sich die Blätter an den Bäumen herbstlich färben, wenn die Felder leer und abgeerntet sind, zieht sich der Osterhase in sein kleines Häuschen zurück, macht die Fensterläden zu, stellt den Wecker auf Aschermittwoch – und beginnt einen ausführlichen Winterschlaf. Sicher – es war immer schon einmal vorgekommen, daß er vor der Zeit aufwachte, sei es, daß der Sturm draußen besonders kräftig heulte, ihm die Decke heruntergerutscht war oder er irgend etwas Dummes geträumt hatte. Dann holte er sich ein Kohlblatt, knabberte ein wenig daran herum – um sich schließlich erneut die Decke über die Ohren zu ziehen und eine nächste Runde Schlaf zu beginnen. Die kommende Ostersaison würde wieder genug Kraft kosten …

In diesem Jahr aber sollte es anders kommen – der Osterhase ahnte es bereits, als er aufwachte und statt der wohlig-vertrauten Müdigkeit hellwach war. Vorsichtshalber schaute er zum Fenster hinaus – aber es war eindeutig Winter, auch wenn kein Schnee lag. Letzte braune Blätter hingen an den Ästen der Bäume, ein milchigweißer Nebel hing über der Landschaft – ach, Sie kennen ja diese novembrigen Tage, die sich immer wieder einmal in den Dezember hinüberschleichen.

Der Osterhase war unruhig – er spürte, daß irgend etwas anders war als sonst, wenn er zwischendrin aus seinem Winterschlaf einmal aufwachte. Er hob die Nase in die Luft und schnupperte – aber da war nichts. Vorsichtig öffnete er die Tür, linste hinaus und stellte seine langen Ohren in die Höhe – aber er konnte nichts Ungewöhnliches sehen oder hören. Seltsam, ihn ließ diese Unruhe nicht los ... was um alles in der Welt war passiert?

Er spürte, daß er nicht wieder würde einschlafen können, und so holte er sich schließlich seufzend Schal, Pudelmütze und Handschuhe, die er vorsichtshalber in seiner Kommode liegen hatte, zog die selbstgestrickten Socken an – auch der März konnte manchmal noch sehr kalt sein –, schlüpfte in seinen Anorak und verließ seine Hütte, um nachzusehen, was denn da wohl passiert sei...

Entschlossen hoppelte er den vertrauten Waldweg entlang – und er brauchte gar nicht weit zu
gehen, bis er plötzlich ein Schluchzen und Klagen
hörte, und als er näher kam, sah er einen großen
dicken und gemütlichen Mann weinend auf einer
Bank hocken. Der Mann war in einen roten Mantel
gekleidet, die Säume waren fein mit weißem Pelz
abgesetzt, er hatte feste Stiefel an und dicke Handschuhe ... und er weinte ...

Zögernd und etwas unschlüssig hoppelte der
Osterhase näher und näher, der Mann aber nahm
keinerlei Notiz von ihm, so sehr war er in seinem
Kummer versunken. Der Hase kratzte sich mit einer
Pfote am Kopf, dachte kurz nach – und hoppelte
schließlich auf den Mann zu, setzte sich vor ihn hin
und beäugte ihn aus seinen kleinen, blitzenden
Augen. Er räusperte sich kurz, damit der Mann nicht
allzusehr über sein Auftauchen erschrecken sollte,
und sagte schließlich: »Kann ich Ihnen irgendwie
behilflich sein?« Der Mann blickte auf, sah den Hasen,
schluchzte noch einmal auf, schluckte und sagte
schließlich zögernd: »Danke – das ist nett von Ihnen,
aber ich glaube, da gibt es nichts zu helfen ...«

»Was ist denn los?« fragte der Osterhase neugierig und kletterte auf die Bank. »Ich mein', Sie brauchen es mir nicht zu erzählen oder so – aber vielleicht
tut es Ihnen auch ganz gut ...«

Der Mann schaute den Hasen an und sagte: »Eine Katastrophe ist passiert – das ist es. Und ich weiß nicht, was ich machen soll …« Der Hase wackelte aufmerksam mit seinen langen Ohren. »Was für eine Katastrophe denn?« – Der Mann seufzte. »Wissen Sie, ich bin der Nikolaus … und in drei Tagen soll ich die Geschenke an die Kinder verteilen. Die Geschenke sind alle vorbereitet – und es wäre eigentlich gar keine große Sache, wenn ich sie mit meinem Rentierschlitten ausfahren könnte. Aber jetzt komme ich gestern in meinen Stall und – die Rentiere sind fort!«

»Die Rentiere sind fort?« fragte der Hase aufmerksam nach. »Ja«, erwiderte der Nikolaus – »stellen Sie sich das einmal vor! All die Kinder, die auf ihre Geschenke warten, und ich kann nicht zu ihnen!« Der Osterhase dachte kurz nach, dann sagte er zum Nikolaus: »Also, ich stell' mich am besten auch kurz vor – ich bin der Osterhase –, und mir liegen die Kinder genauso wie Ihnen am Herzen …« Der Nikolaus unterbrach ihn, »Was, Sie sind der Osterhase? – Sie wollte ich schon immer einmal treffen!!«

»Schön«, sagte der Osterhase, »das geht mir genauso – aber ich glaube, im Moment haben wir beide Wichtigeres zu tun – oder?« Der Nikolaus nickte bekümmert: »Ja, das kann man wohl sagen – wie um alles in der Welt soll ich nur die Geschenke zu den Kindern bringen?«

Hast du irgendeine Idee, wer die Rentiere gestohlen haben könnte?« fragte der Osterhase, auf das etwas vertraulichere »Du« umschwenkend, die Situation an sich war ja schon schwierig genug. »Nein«, sagte der Nikolaus traurig, »hoffentlich behandelt er sie gut«. Der Osterhase kratzte sich am Kinn – es war wohl wenig aussichtsreich, den Rentieren nachzuspüren. Die Frage war, wie die Kinder pünktlich in drei Tagen ihre Geschenke bekommen sollten.

Der Osterhase war ans Organisieren gewöhnt … wie sonst könnte er immer seine Ostereier rechtzeitig zu den Menschen bringen? Im Moment aber fühlte er sich doch leicht überfordert …

Er sprang von der Bank, hoppelte etwas ratlos den Waldweg auf und ab und kratzte sich dabei gelegentlich hinter seinem großen Ohr. Ihm war klar, sie beide allein würden es nicht schaffen, die Geschenke rechtzeitig zu verteilen – und daß die Kinder ohne Geschenke blieben … das ging nun wirklich nicht. Man müßte also Hilfe herbeiholen – aber wen??

»Wie groß und schwer sind denn diese Geschenke?« fragte der Osterhase, als er wieder einmal am Nikolaus vorbeihoppelte, der traurig auf seiner Bank saß. »Och«, sagte der Nikolaus, »manche sind schon ganz schön schwer … weißt du, die Menschen werden halt auch immer anspruchsvoller.« »Zu schwer, um

von einem Hasen transportiert zu werden?« fragte der Osterhase nach. »Ach, du denkst wohl an deine Kollegen, die dir zu Ostern immer helfen? Hm – ich glaube nicht, daß sie das schaffen. Weißt du, manche Kinder bekommen schwere Bücher geschenkt, ein Schaukelpferd oder gar irgendeinen Metallbaukasten. Das ist schon etwas unhandlicher als ein Osterei ...« Das sah der Osterhase ein, zumal seine Hasenkollegen zu dieser Jahreszeit nicht allzuviel auf den Rippen haben dürften ...

»Hm«, dachte der Osterhase laut, »das ist wirklich schwierig ... Metallbaukästen und Schaukelpferde – das geht nun wirklich nicht. Aber muß es denn auch unbedingt so etwas sein??« – Der Nikolaus wurde hellhörig: »Ja, aber, was sollen die Kinder denn sonst bekommen? Ein Nikolaustag ohne Geschenke – das geht doch nun wirklich nicht ...« – Der Osterhase stimmte ihm spontan zu: »Klar – aber muß es denn in diesem Jahr durchaus das Schaukelpferd sein? Gäbe es nicht sonst noch etwas, über das sich die Kinder freuen würden?« Osterhase und Nikolaus verfielen in tiefes, schweigendes Nachdenken ... »Halt! Ich hab's!« rief der Osterhase plötzlich. »Was?« fragte der Nikolaus leicht aufgeregt nach. »Weißt du, was alle Menschen ganz notwendig brauchen?« Der Nikolaus legte seine Stirn in Falten und dachte nach: »Geld vielleicht? – Aber wir beide haben doch gar kein Geld ...« – »Quatsch«, reagierte der Osterhase heftig, »hast du schon mal was wirklich Lebenswichtiges gesehen, was sich mit Geld kaufen ließe – mal abgesehen von etwas zu essen und einem Dach über dem Kopf? Zärtlichkeit und Liebe jedenfalls kannst du mit Geld nicht bezahlen, auch wenn viele Menschen das meinen ...« – »Und du meinst ...?« fragte der Nikolaus zögernd. »Ja, ich meine!« rief der Osterhase triumphierend. »Wir schenken den Menschen in diesem Jahr das, was sie so notwendig brauchen – nämlich Liebe und Zärtlichkeit!«

Der Nikolaus wurde nachdenklich: »Du, die Idee ist nicht schlecht – aber wie willst Du das machen? Ich kann doch nicht einfach zu einem Menschen hingehen und ihm 500 g Zärtlichkeit schenken ...?« – Der Osterhase nickte: »Da hast du ganz recht, denn auch Zärtlichkeit und Liebe ist etwas, das mir nicht nur geschenkt wird, sondern ich muß auch etwas dazutun. Aber warum den Menschen diese Chance nicht einfach geben? Vielleicht ist das sogar besser als das Schaukelpferd und der Metallbaukasten ...« »Ja, das stimmt – ein bißchen Liebe und Zärtlichkeit hätten die Menschen wirklich nötig – aber wie wollen wir ihnen das denn schenken?« Der Osterhase schmunzelte: »Das laß mal meine Sorge sein – ich hab' da ein paar Freunde, die vielleicht mitarbeiten ...«

Er hoppelte ein wenig abseits und schlug mit der Pfote auf den Boden: kurz, kurz, lang, kurz …

Einige Minuten vergingen – und aus dem Wald, vom nahegelegenen Feld kamen Hasen her, einzelne zuerst, dann Dutzende, bis schließlich Hunderte oder gar Tausende dicht gedrängt auf der Waldwiese standen. Ein etwas älterer Hase tat einen Sprung nach vorne und fragte:»Was ist los, Osterhase? Hast du dich etwa in der Jahreszeit vertan?« – »Nein«, erklärte der Osterhase.»Ich möchte euch gerne dem Nikolaus vorstellen – und wir beide haben ein Problem. Dem Nikolaus sind die Rentiere gestohlen worden – und doch sollen die Menschen nicht ohne Geschenke bleiben… Und ich habe euch gerufen, um zu fragen, ob ihr uns dabei helfen wollt.« – »Klar«, sagte der ältere Hase, »natürlich helfen wir euch, wenn wir können – oder?« Er sah sich fragend bei den Hasen um und erhielt ein allgemeines Kopfnicken und Gebrummel. »Was sollen wir denn tun?« – »Weißt du, wir haben überlegt, was die Menschen notwendig brauchen, und wir glauben, sie brauchen eigentlich keine Schaukelpferde und Metallbaukästen, sondern sie brauchen Nähe, Liebe und Zärtlichkeit. Habt ihr nicht Lust, diese Botschaft den Menschen am Nikolaustag zu überbringen?« – Der ältere Hase kratzte sich am Kinn und dachte nach.»Das ist keine einfache Aufgabe«, sagte er schließlich, »die Menschen warten auf Schaukel-pferde und Metallbaukästen, und da soll ich kommen und sagen, das sei nicht wichtig?? Wie stellst du dir das denn vor??« »Tja«, seufzte der Osterhase, »einfach ist das sicher nicht. Aber ich habe eine Idee: wenn jeder von euch am Nikolaustag einen Menschen besucht und ihm diese Botschaft nicht einfach nur ausrichtet, sondern sie ihn auch erleben läßt – dann könnte es vielleicht gehen …«

Der Nikolaus schaute den älteren Hasen bittend an und sagte: »Ich glaub, es wäre wichtig …«

Der Hase drehte sich um und sagte zu seinen Kol-legen: »Die beiden trauen uns 'ne Menge zu – schaffen wir das denn?«

Zögernd nickten die Hasen …. Der Osterhase ergriff nochmals das Wort: »Ihr sollt nichts Unmmögliches tun. Geht einfach zu den Menschen, klopft an ihre Tür und sagt: wir möchten euch die Botschaft bringen, daß Liebe wichtiger ist als Geld. Einige werden euch rauswerfen, andere aber werden euch zu einem Tee einladen und nachfragen, wie ihr das meint – und wenn ihr mitein-ander ins Gespräch kommt – dann ist Nikolaustag …!«

Aufgeregt und nachdenklich murmelten die Hasen untereinander – aber dann sagte der ältere Hase: »Gut, probieren können wir es ja einmal – aber ob uns die Menschen eine solche Botschaft glauben werden?«

22

Und so geschah an diesem Nikolaustag etwas sehr Seltsames: Hunderte und Tausende von Hasen hoppelten in die Städte und Dörfer, klopften mit ihrer Pfote an Haustüren und sagten »ich hab' eine Nachricht für euch!« – und manche Menschen ließen sie in ihre Wohnung ein und fragten und …

… und als der Nikolaus und der Osterhase an diesem Abend durch die Straßen gingen und in die erleuchteten Fenster hineinschauten, sahen sie Wundersames: ein kleines Mädchen hatte einen Hasen auf dem Schoß und streichelte ihn zärtlich, eine alte Frau schabte eine Karotte für den Hasen, der bei ihr zu Besuch war, der clevere Wirtschaftsmanager ließ sich von einem Hasen erklären, wie man am besten mit den Ohren wackeln könnte (zugegeben, der Hase war leicht im Vorteil), eine Marktfrau packte ihrem Hasen gerade eine große Tüte mit Gemüse zusammen, in der Polizeiwache saß ein Hase und trank mit den Polizisten Tee, fünf Hasen hatten sich das Krankenhaus vorgenommen und zeigten erste Anzeichen von Bauchschmerzen aufgrund der vielen Süßigkeiten, die sie bekommen hatten – und ein Hase war sogar in eine Kirche gehoppelt und hatte sich unter das große Kreuz gesetzt, damit auch Gott an diesem Abend nicht ganz allein sei. Der Osterhase und der Nikolaus schauten sich höchst zufrieden an. »Ich glaube, das ist der schönste Nikolaustag, den ich bisher erlebt habe«, sagte der

Nikolaus nachdenklich – und wenn der Nikolaus das sagt, so will das schon was heißen. »Doch«, schmunzelte der Osterhase vergnügt, »ich glaube auch, wir haben heute abend einige Menschen und einige Hasen glücklich gemacht ...« – »Aber, was mach ich denn nun mit all den Geschenken?« fragte der Nikolaus plötzlich nachdenklich. »Weißt du was«, sagte der Osterhase, »heb' sie halt auf fürs nächste Jahr. Es wird immer Menschen geben, die glauben, ein Metallbaukasten sei wichtiger als Liebe – nun gut, dann bekommen sie halt erst einmal diesen Metallbaukasten, und in zwei, drei Jahren sehen wir vielleicht weiter ...«

Damit wäre eigentlich diese Geschichte fast zu Ende – aber drei Dinge muß ich noch erzählen:

Der Nikolaus und der Osterhase verbrachten einen langen Abend miteinander – sie freuten sich wirklich von Herzen, daß dieser Tag so gut gelungen war, und feierten nach all der Aufregung ein wunderschönes Fest. Gemütlich saßen sie beim Tee zusammen, tauschten sich über ihre Erfahrungen und Erlebnisse aus – und fanden sehr viel Gefallen aneinander. Vielen Hasen und vielen Menschen aber gefiel dieser Nikolausabend so gut, daß sie spontan beschlossen, dieses Treffen im nächsten Jahr zu wiederholen – und ich glaube nicht, daß es nur Zufall war, daß die Hasen während der kommenden kalten Wintertage immer wieder einige Kohlköpfe an Feldrändern fanden.

Die größte Überraschung aber erlebte der Nikolaus bei seiner Heimkehr am späten Abend. Ordentlich im Stall angebunden standen seine Rentiere, duftendes Heu in der Raufe – und an der Tür hing ein Zettel: »Ich hab' mir Deine Rentiere in diesem Jahr mal kurz ausgeliehen, damit die Menschen endlich einmal erfahren, daß Liebe und Zärtlichkeit wichtiger sind als Metallbaukästen und Schaukelpferde – Gottvater.«

Der Nikolaus brummelte vor sich hin – »das hättest du mir ja auch sagen können ...«, meinte er schließlich in leicht vorwurfsvollem Ton – aber im Grunde seines Herzens war er eigentlich ganz zufrieden damit, wie das alles in diesem Jahr gelaufen war ...

Die Geschichte von dem Engel, der immer zu spät kam

Max war ein noch ganz junger und kleiner Engel und erst seit kurzer Zeit im Himmel. Deshalb fiel es ihm manchmal schwer, schon ein richtig guter Engel zu sein, so, wie man sich einen Engel eben vorstellt. Max war neugierig und träumte gerne, spielte Fangen mit den Wolken – und wenn er dem Wind zuhörte, der von der Erde und den Menschen erzählte, konnte Max alles um sich herum vergessen! Und so kam es immer wieder vor, daß Max zu seinen himmlischen Pflichten zu spät kam, wenn er sie nicht sogar ganz vergaß.

Dabei hatte der Erzengel Michael, der eine Art »Oberengel« war, ihm nur wenige Aufgaben zugeteilt: Dreimal am Tag sollte Max die Himmelsglocken läuten und von 9.00 bis 10.00 Uhr den Lobpreis Gottes verkünden. Außerdem war der kleine Engel zuständig für die Reinigung der Traugott-Gasse. Michael hatte schon Verständnis dafür, daß es für Max nicht so leicht sein mochte, sich in diesen großen Himmelsbetrieb einzufügen – aber Pflicht war eben Pflicht. Wenn jeder nur das tun würde, wozu er grad Lust hat, wo käme man da hin?

So dachten auch die meisten Engel und beschwerten sich bei Michael über den kleinen Engel: Die Bewohner der Traugott-Gasse waren verärgert, weil ihre Gasse nicht ordentlich gekehrt war, andere Engel protestierten, weil sie immer, wenn Max Dienst hatte, Gott mindestens eine halbe Stunde länger lobpreisen mußten, da Max wieder einmal zu spät kam, um rechtzeitig zur Ablösung zu läuten.

So konnte das nicht weitergehen – und schließlich rief Michael den kleinen Engel zu sich, um ihn zur Rede zu stellen. Als dann aber Max mit zerzausten Flügeln, hochroten Backen, verstrubbelten Haaren und glänzenden Augen schuldbewußt vor dem Erzengel stand und ganz zerknirscht eine Entschuldigung murmelte, konnte Michael ihm gar nicht mehr richtig böse sein, und so beließ er es bei einer ernsten Ermahnung. Max nickte eifrig zu den Worten des Erzengels, gelobte Besserung und flog erleichtert davon – nur um bei der nächsten Wolke, die gemächlich dahinzog, schon wieder alle guten Vorsätze zu vergessen und auszuprobieren, wer wohl diesmal schneller wäre …

Michael sah ihm hinterher, dachte wehmütig an seine eigene Jugendzeit zurück und seufzte dann leise. Manchmal fragte er sich schon, ob das mit dem Himmel wirklich so gut geglückt war. Aber solche Gedanken drängte er schnell zur Seite, schließlich war es schon immer so gewesen – und bloß, weil kleine Engel …

Für Max jedenfalls war es oft nicht leicht im Himmel. Er nahm sich zwar sehr ernsthaft vor, seine Pflichten zukünftig besser zu erfüllen – aber irgendwie kam ihm immer etwas dazwischen. Die anderen Engel hatten sich allmählich daran gewöhnt und protestierten oft nur noch der Form halber: Max war eben der Engel, der immer zu spät kam und der die entscheidenden Dinge vergaß, weil ihm anderes grad wichtiger war – und es hätte noch Sternjahre so weitergehen können, wenn …

Ja, wenn nicht eines Tages eine Himmelskonferenz einberufen worden wäre – eine Himmelskonferenz, man stelle sich das vor! »Alle Engel pünktlich um 11.00 Uhr im Halleluja-Saal – alle Engel!!« An ein solches Treffen konnte sich kein Engel erinnern, so etwas war noch nie vorgekommen! Sie waren entsprechend aufgeregt und tuschelten untereinander. Was hatte das nur zu bedeuten??

Als Michael die Sitzung eröffnet hatte – Max war gerade noch rechtzeitig zur Tür hereingeflitzt – wurde schnell klar, welch außerordentliches Ereignis bevorstand: Gott hatte sich entschieden, selbst zur Erde zu gehen! Dort war schon seit langer Zeit einiges in Unordnung geraten, Krieg und Haß beherrschten die Welt, die Menschen liebten einander nicht mehr und schauten nur noch auf das Geld. Die Menschen hatten sich selbst zu Sklaven gemacht statt in Gottes Freiheit zu leben.

Deshalb hatte sich Gott zu diesem ungewöhnlichen Schritt entschlossen – er wollte höchstpersönlich nach dem Rechten sehen und seine zum Leben befreiende Botschaft leibhaftig leben und dadurch verkünden. So jedenfalls konnte es auf der Erde nicht weitergehen!

Gott wurde Mensch! Und dabei sollten die Engel ihm helfen – deshalb hatte Michael die Himmelskonferenz einberufen. Aufgeregt flüsterten die Engel miteinander. Welche Herausforderung für sie! Natürlich würden sie alles tun, was engelsmöglich war – aber was? Womit könnte man Gott bei seinem Vorhaben am besten unterstützen?

Zugegeben: die Engel waren ein bißchen ratlos. Schließlich war so etwas in der ganzen langen Himmelsgeschichte noch nie vorgekommen! Zahlreiche Ideen wurden vorgeschlagen, um dann aber doch wieder verworfen zu werden, weil irgend jemand dagegen war. Nach langen, ergebnislosen Diskussionen unter den Engeln schälte sich allmählich ein Kompromiß heraus, dem anscheinend alle zustimmen konnten: Man würde zur Erde fliegen und dort zu Gottes Geburt den größten Lobpreis veranstalten, den man sich denken konnte.

Anwesenheitspflicht für alle Engel in Bethlehem, mit gut geölten Stimmen, ausgeruht und voller Kraft! Singen und Loben – das konnte ja nicht falsch sein!! Auch Max nickte eifrig: ja, er würde pünktlich sein, er würde so laut jubeln, wie es seine Stimme hergab, er würde seinen Teil dazu beitragen, daß Gottes Botschaft auf der Erde nicht ungehört verhallen würde. Aber, ob das Gott bei seinem Vorhaben wirklich unterstützen würde? Max war ein wenig unsicher. Singen und jubilieren, schön und gut, aber was dann? Aber er traute sich nicht so recht, seine Bedenken zu äußern, die anderen waren ja doch viel erfahrener als er – und überhaupt, bis er seine Gedanken zu Ende gedacht hatte, war durch Michael schon die Himmelskonferenz für beendet erklärt worden. Na gut, dachte Max – ich werde tun, was ich kann – und dieses Mal komme ich ganz sicher nicht zu spät! Das nahm er sich ganz fest vor.

Der große Tag rückte näher. Die Engel probten unermüdlich das »Hosianna!«, kontrollierten schließlich noch einmal ihre Flügel, tranken eine letzte Tasse Salbeitee und flogen, einer nach dem anderen, Richtung Erde. Auch Max hatte beschlossen, frühzeitig loszufliegen, um ja pünktlich zu sein. Und mit großem Ernst, gebürsteten Flügeln und frisch gekämmt startete Max Richtung Erde.

Der Flug dauerte lang, aber er machte dem kleinen Engel einen Riesenspaß! So durch die Luft zu sausen, den Wind zu spüren, die Wolken zu überholen und ihnen ein herzliches »Hallo!« zuzurufen, das war so recht nach seinem Geschmack. Fast bedauerte es Max, als er sich der Erde näherte – und war doch zugleich neugierig darauf. Noch nie war er auf der Erde gewesen, hatte noch nie einen Menschen gesehen, sondern immer nur den Wind davon erzählen hören, und jetzt sollte er das alles selbst kennenlernen!

Max landete irgendwo nördlich von Bethlehem. Er setzte etwas hart auf, weil er gerade im entscheidenden Moment seine Augen mal wieder woanders hatte, und der aufwirbelnde Staub nahm ihm für einen Moment die Sicht. Er hustete, versuchte, mit Armen und Flügeln den Staub wegzuschlagen, und sah sich neugierig um. Das also war die Erde!

Er war ein wenig enttäuscht. So kahl und karg hatte er sich das nicht vorgestellt! Wo waren die Menschen? Und wo würde Gott zur Welt kommen? Diesmal mußte er pünktlich sein!! Und so trabte er los, die Flügel sorgfältig unter seinem Umhang versteckt …

Aber einen Moment später stockte er schon: Wohin sollte er eigentlich gehen? Im Himmel hatten alle Engel immer so getan, als wüßten sie ganz selbstverständlich, wo Gott zur Welt kommen würde. Max aber hatte gar nicht daran gedacht, nach dem Weg zu fragen. Und jetzt stand er da … was nun? Sein Blick fiel auf eine kleine Hütte, die in der Nähe stand. Ob da wohl Menschen waren? Und ob jemand von ihnen wußte, wo Gott zur Welt kommen würde? Er ging näher und klopfte an die Tür. Ein zaghaftes »ja« war zu hören, und Max trat ein. Dunkel umfing ihn, nur ein glimmendes Feuer warf ein wenig Licht. »Wer ist da?« fragte die Stimme zögernd. Max überlegte: Er konnte doch nicht einfach sagen, daß er ein Engel sei. »Ich bin ein Wanderer«, erwiderte er schließlich. Das Wort kannte er vom Wind, der ihm davon erzählt hatte.

»Ach, dann willst du sicher zur Volkszählung nach Bethlehem!« sagte die Stimme erleichtert, »na, komm nur und wärm dich!« Max ging näher und entdeckte im Dunkel schließlich eine Frau auf einem Lager. »Was ist mit dir?« fragte er behutsam, denn er sah, daß es ihr nicht gut ging. »Ich bin krank,« sagte sie leise. »Und da ist niemand, der sich um dich kümmert?« fragte Max. »Wer sollte sich um mich kümmern?« gab die Frau zurück, »ich bin alleine«. »Ich mach' Feuer und koch' dir eine Suppe!« sagte Max eifrig, »dann wird es dir gleich besser gehen!« – »Oh, das wäre schön!« erwiderte die Frau hoffnungsvoll. Max holte Holz aus dem Schuppen und warf einige Scheite auf das glimmende Feuer, so daß es neu emporflammte. Er holte Wasser und hängte es zum

Kochen über das Feuer. In der Speisekammer fand er einige Zwiebeln, Bohnen und Karotten und schnitt sie in den Topf hinein. Ein angenehmer Duft verbreitete sich in der Hütte. »Das riecht fein!« sagte die Frau, »ich weiß gar nicht, wann ich das letztemal etwas Warmes im Bauch hatte!«

Max werkelte eifrig in der Hütte herum, wusch Töpfe und Geschirr ab, räumte ein wenig auf und setzte sich schließlich an das Bett der Frau und hielt ihre Hand. Beide schwiegen lange, dann sagte die Frau: »Es ist schön, daß du da bist!« Sie aß die Suppe, die Max ihr hinstellte, und fiel dann in einen tiefen Schlaf. Max hielt ihre Hand, wischte ihr mit einem Tuch den Schweiß von der Stirn, murmelte beruhigende Worte, wenn sie unruhig wurde – und vergaß ganz das Treffen in Bethlehem. Schließlich fielen auch Max die Augen zu.

Als er am nächsten Morgen erwachte, durchfuhr ihn siedendheiß sofort der Gedanke: Himmel, jetzt komme ich doch zu spät zum Julilieren! Mühsam nur verbarg er seine Unruhe, als er der kranken Frau ein Frühstück richtete, das Feuer im Kamin neu entfachte. Der Frau entging das nicht. »Was beschäftigt dich denn so?« fragte sie schließlich behutsam. Max schluckte und überlegte einen Moment. Dann sagte er mit trauriger Stimme: »Ach, weißt du, ich glaube, ich komme mal wieder zu spät – und gerade diesmal wollte ich pünktlich sein!« »Wenn du wegen mir zu spät kommst, und dem, was du für mich getan hast, dann wird dir sicher verziehen werden«, sagte die Frau leise und zärtlich. Max sah sie zweifelnd an – ob Michael und die anderen Engel genauso denken würden? Er glaubte nicht so recht daran …

»Meinst du, du schaffst es jetzt alleine?« fragte Max zögernd. »Doch, ich glaub' schon«, erwiderte die alte Frau, »mir geht es schon viel besser – und wenn du noch ein wenig Holz nachlegst, dann werde ich den Tag bestimmt gut überstehen – und vielleicht kommt heute abend ein Nachbar vorbei.« Schweren Herzens und nachdenklich verabschiedete sich Max: Ob Gott ihn wirklich zum Jubeln bräuchte, wenn hier eine alte Frau ohne Hilfe und Unterstützung krank im Bett lag?

Schließlich raffte sich Max auf und verabschiedete sich von der Frau. Er würde versuchen, einen Nachbarn zu benachrichtigen – und dann mußte er schnurstracks nach Bethlehem. Max fand wirklich einen Bauern, der ihm versprach, nach der Frau zu schauen. Er hatte sich auch schon gewundert, warum man sie in den letzten Tagen nicht mehr gesehen hatte, und war froh um den Hinweis. Max aber lief rasch weiter – vielleicht würde er ja doch gerade noch rechtzeitig kommen?

In der Ferne sah Max einige Rauchfäden gen Himmel steigen. Das war wohl ein Dorf, vielleicht sogar Bethlehem – dort könnte man ihm ganz sicher weiterhelfen. Max erwog einen kurzen Moment lang, dorthin zu fliegen, um Zeit zu sparen, aber wenn ihn jemand durch die Luft sausen sah, dann müßte er das nur wieder umständlich erklären. So nahm er die Beine in die Hand und lief den Häusern entgegen, die sich am Horizont abzeichneten.

Mitten im Dorf stand ein Wirtshaus. Max überlegte einen Moment, er wußte vom Wind, daß sich in solchen Wirtshäusern Menschen trafen – vielleicht würde jemand von ihnen wissen, wo Gott zur Welt kommen würde – und so trat er kurzentschlossen ein. Am Tisch saßen einige Männer, hatten Gläser vor sich stehen, spielten Karten, unterhielten sich. Flüchtig schauten sie den neuen Gast an. Max faßte sich ein Herz, ging auf einen mächtig aussehenden Mann hinter einer Art Holzzaun zu und fragte schüchtern: »Ich suche den Ort, an dem Gott zur Welt kommen soll. Wissen Sie, wo ich da hin muß?«

Der Wirt brummte unwillig: »Du bist jetzt schon der fünfte oder sechste, der danach fragt. Ich weiß es auch nicht! Warum informiert ihr euch nicht vorher, wo ihr hinwollt?« Dann aber sah er die blauen Augen, das verstrubbelte Haar, die Ratlosigkeit in dem Gesicht von Max – und sagte etwas freundlicher: »Ich weiß nur von einer Frau, die ein Kind erwartet. Gestern abend kam eine hochschwangere Frau mit ihrem Mann, die habe ich zu meinem Stall draußen vor der Stadt geschickt, weil bei mir kein Platz mehr ist. Die Leute, die wegen der Volkszählung kommen, haben alle Zimmer belegt. Vielleicht sind sie es, die du suchst – aber wenn hier ein Gott zur Welt kommen sollte, dann hätte ich sicher davon gehört!« Ein Stall? Max war unsicher. Eigentlich war das nicht gerade der Ort, an dem er Gott vermutete. Aber im Moment konnte er es sich nicht leisten, eine Spur unverfolgt zu lassen. »Wo ist dieser Stall?« fragte Max. »Wenn du in dieser Richtung aus der Stadt gehst, findest du ihn auf der rechten Seite!« sagte der Wirt – und Max bedankte sich höflich und ging.

Wirklich – als Max aus der Stadt herauskam, sah er auf der rechten Seite einen Stall. Zögernd ging er näher. Im Stall lag ein Ochse, gemütlich wiederkäuend. »Hallo!« sagte Max zögernd. Der Ochse blickte auf, und sein Blick wurde freundlich: »Oh, das ist aber schön, daß ich Besuch bekomme! Gestern war es so trublig hier, daß ich mich heute fast ein wenig einsam fühle!« Max horchte auf: »Was war denn los bei dir?« – »Ach, gegen Abend kamen ein Mann und eine Frau hierher – und stell Dir nur vor, die Frau hat hier, in die-

sem Stall, ein Kind zur Welt gebracht! Sie haben auch einen Esel dabei gehabt – und es war schön, sich mit ihm ein wenig zu unterhalten. Man kriegt ja sonst nichts mit von der Welt!« – Max lauschte gebannt: »Ja, und jetzt?« – »Jetzt sind sie fort. Nachts waren noch irgendwelche seltsamen Gestalten da und haben ganz laut gesungen, dann kamen Hirten und heute morgen sogar noch irgendwelche Könige.« – »Und dann?« fragte Max bang, erkennend, daß er wieder einmal zu spät gekommen war. »Dann haben sie den Esel genommen und sind ganz eilig fortgeritten«, sagte der Ochse traurig, »ich wollte gerne mit – aber ich sei zu langsam, haben sie gesagt …«

Max schluckte tief, schwieg eine Zeitlang, irgendwie hatte sich eine Träne in seine Augen hineingeschlichen, ein Frosch saß ihm im Hals. Wieder mal zu spät, dachte er, nicht mal bei diesem entscheidenden Ereignis kann ich pünktlich sein … – aber hätte er die Frau denn gestern abend wirklich alleine lassen sollen??

»Wer bist du eigentlich?« fragte der Ochse neugierig und riß Max aus seinen Grübelein heraus. »Ach, ich bin einer, der immer zu spät kommt«, sagte Max leise und traurig. »Das verstehe ich gut!« sagte der Ochse mitfühlend, »ich bin auch immer zu langsam …«

Beide schwiegen lange und hingen ihren Gedanken nach. Max überlegte, nein, in den Himmel konnte und wollte er nicht zurück – diesmal würde Michael ihn sicher bestrafen, und an das Gelächter der anderen Engel wollte er gar nicht erst denken. Aber was tun? Was sollte ein kleiner Engel auf der Erde schon anfangen?

Max wandte sich wieder an den Ochsen: »Weißt du eigentlich, was gestern abend hier bei dir passiert ist?« Der Ochse sah ihn mit großen, dunklen Augen an: »Ehrlich gesagt, nein – aber es war ganz nett!« – Max seufzte, aber dann sah er ein, daß der Ochse aus seiner Sicht wohl durchaus recht hatte. »In deinem Stall ist Gott zur Welt gekommen – und deshalb war all der Trubel hier!« sagte Max erklärend. »Hmhm«, murmelte der Ochse ziemlich ungerührt, »und wer ist das – Gott?« Max zog etwas ratlos die Schultern hoch: »So genau kann ich dir das auch nicht erklären. Aber er wollte als Mensch zur Welt kommen, um damit allen zu sagen: Es lohnt sich zu leben, mach was draus!« – »Auch uns Ochsen?« fragte der Ochse interessiert nach. »Ja, auch euch Ochsen«, bekräftigte Max. »Auch mir, der ich immer zu langsam bin?« der Ochse wurde ganz aufgeregt. »Ja, auch dir!« sagte Max.

Es lohnt sich zu leben – mach war draus! Zugegeben, Max war sich nicht sicher, ob Michael so mit dieser Kurzfassung der göttlichen Botschaft einverstanden wäre. Eigentlich hatte Max das nur so gesagt, um dem Ochsen deutlich zu machen, welch wichtiges Ereignis gestern in seinem Stall geschehen war. Aber wenn er selbst so darüber nachdachte… und wenn diese Botschaft auch einem Ochsen galt, dann müßte sie auch kleinen und jungen Engeln wie ihm selbst gelten. Max wurde nachdenklich. Es lohnt sich zu leben – mach war draus!

»Das ist aber eine schöne Botschaft!« sagte der Ochse plötzlich ganz ernsthaft in die Gedanken von Max hinein, »und das will dieser Gott ganz alleine allen Menschen und Ochsen und Eseln weitersagen?« – Max nickte, und erst in diesem Moment wurde ihm selbst richtig klar, auf welches Vorhaben sich dieser Gott da eingelassen hatte. Den Menschen Mut zum Leben zu machen, zu einem Leben, bei dem einer den anderen achtet, Mut zu einem Leben mit all seinen Höhen und Tiefen, ein Leben, in dem die Menschen sich nicht versklaven lassen, sondern ihr Leben selbst in die Hand nehmen – vor der Ungeheuerlichkeit dieses Vorhabens verlor das Singen und Jubeln der Engel in der vergangenen Nacht wirklich ziemlich an Bedeutung. Es war bestimmt schön gewesen, aber ob es irgend jemandem Mut zum Leben gemacht hatte, das bezweifelte Max inzwischen doch. In dem kleinen Engel wurde ein wahnwitziger Gedanke wach. Vielleicht könnte er …

Zugegeben, wenn er ganz ehrlich war: Eigentlich hatte er auch wenig Lust, in den Himmel zurückzukehren. Der zu erwartende Ärger mit Michael, das Gelächter der anderen Engel, sicher, das war ein Grund. Aber er war auch neugierig, neugierig auf die Erde und die Menschen, von denen ihm der Wind so viel erzählt hatte.

Wie wäre es denn, wenn er hier auf der Erde bliebe, gar nicht erst zum Himmel zurückflog – und eben auf seine Art und Weise Gott bei seinem Vorhaben helfen würde? Das konnte dieser Gott doch gar nicht alles alleine schaffen! Das Fegen der Traugott-Gasse und das Hosianna-Singen schienen Max im Moment wirklich unwichtig im Vergleich zu all dem, was ihn hier auf der Erde erwarten würde. Nachdenklich blickte Max zu dem großen, braunen Ochsen. Es wäre schön, nicht alleine unterwegs zu sein. »Hör mal«, begann er vorsichtig, »hast du Lust, mit mir zusammen Gott bei der Verkündigung dieser Botschaft zu unterstützen?« – Der Ochse sah ihn mit seinen großen Augen an: »Wie hast du dir das denn vorgestellt?« – »So ganz genau weiß ich das auch noch nicht«, sagte Max langsam, »vielleicht können wir in die Welt und zu den Menschen gehen und ihnen einfach das erzählen, was wir beide von dieser Botschaft Gottes verstanden haben.«

Der Ochse dachte lange nach. »Doch«, sagte er schließlich, »das kann ich mir ganz gut vorstellen. Aber
erzählen finde ich ein bißchen zu wenig.« – »Wie
meinst du das?« fragte Max nach. »Ich habe mal einen
Bauern gehabt, der hat mir jeden Tag gesagt, wie froh
er wäre, daß er mich hätte, und ich würde ihm ja soviel
helfen. Aber dann hat er abends vergessen, mir Wasser
zu geben, und das Heu war schlecht. Da habe ich ihm
bald nicht mehr geglaubt, wenn er solche Sachen
sagte.« Max nickte nachdenklich: »Du meinst also, wir
sollten nicht nur reden und von Gott erzählen, sondern
auch entsprechend handeln?« –

Der Ochse nickte: »Vielleicht sogar zuerst was tun
– und später darüber sprechen, wenn's dann überhaupt noch not-wendig ist. Reden kann ich sowieso
nicht so gut – pflügen kann ich besser ...« »Und du
meinst wirklich, daß Gott zwei wie uns brauchen kann
– einen wie mich, der immer zu spät kommt, und dich,
der manchmal eben ein bißchen langsam ist?« fragte
Max, noch leise zweifelnd, nach. »Warum nicht?«
sagte der Ochse, »ich bin zwar nicht schnell, aber da,
wo Gründlichkeit gebraucht wird, kann ich wohl ganz
gut mithalten. Und wenn du heute nicht zu spät
gekommen wärst, hätte mir niemand von der Botschaft dieses Gottes erzählt, so beschäftigt, wie die
gestern alle miteinander waren!«

Max gab dem Ochsen gerne recht. Also gut, warum nicht? Der Himmel konnte warten – Gott brauchte Unterstützung jetzt hier auf der Erde.

»Wie ist das, gehen wir jetzt los?« fragte der Ochse eifrig, der wohl Lust auf das Leben bekommen hatte. »Klar«, lachte Max »und ich weiß auch schon, wohin – ich kenne da eine kranke Frau, der tut es bestimmt gut, wenn ich ihr eine Suppe koche – und wenn du ihr das Feld umpflügst!«

Max versteckte seine Flügel in einer dunklen Ecke des Stalles. Hier auf der Erde würde er sie nicht mehr brauchen, und in den Himmel wollte er so schnell nicht zurück. Und so brachen die beiden auf, ein langsamer Ochse, ein vergeßlicher Engel, um Gott bei seiner großen Aufgabe zu unterstützen.

Eine andere Weihnachtsgeschichte

Im Himmel herrschte knisternde Spannung. Die Engel, sonst in der Regel mit durchaus gesetztem Ernst, gelegentlich auch ungezwungen fröhlich, ab und an untereinander streitend, schlichen nur noch auf Zehenspitzen über den Wolken einher (das war eigentlich völlig unnötig, denn die Wolken waren so weich, daß sie eh jeden Schritt ins Unhörbare dämpften). Sie wagten kaum noch ein lautes Wort zu sagen, schauten sich beim Vorübereilen bedeutungsvoll an und nickten sich zu nach dem Motto: »Ja, jetzt ist es bald soweit!«

Es war eine Spannung, die man vielleicht mit der vergleichen kann, wenn man das erste Mal in seinem Leben einen Käsekuchen backt und einen stundenlang die Frage beschäftigt, ob er in sich zusammenfällt oder nicht – und ähnlich der Unruhe, die der Hobbyheimwerker kennt, der den Rasenmäher in alle Einzelteile zerlegt und wieder zusammengesetzt hat und sich bang vor dem Moment fürchtet, wenn er ihn das erste Mal wieder startet.

Ja, eine solche Spannung hatte die Engel befallen und schlimmer noch. Sie hatten, weiß Gott, Grund genug dazu. Gottvater nämlich hatte vor einiger Zeit entschieden, es wäre nun wirklich höchste Zeit, seinen Sohn als Botschafter des göttlichen Willens auf die Erde zu schicken, damit die Menschen endlich Frieden halten untereinander. Die Augen sollten ihnen dafür geöffnet werden, was es heißt, menschlich zu leben, ihr Leben an der Liebe auszurichten und nicht an Reichtum und Macht

Eine gute Idee, meinten die Himmelsbewohner übereinstimmend. (Bis auf einige wenige, die maulend in der Ecke standen, voller Überzeugung, jeder Versuch, den Menschen so was nahezubringen, sei sowieso von vornherein zum Scheitern verurteilt.) Nun also stand dieser große Moment praktisch vor der Tür.

Vor knapp neun Monaten waren die Engel auf die Erde gereist, und hatten dort Maria verkündet, daß sie die Auserwählte sei. Es hatte dann noch ein wenig Schwierigkeiten mit ihrem Verlobten gegeben (mußte sich Gott auch gerade eine unverheiratete Frau aussehen? einige Engel konnten das Kritisieren eben nicht lassen), aber das hatte man schließlich in den Griff bekommen.

Der Geburt Gottes als Mensch konnte man also nun demnächst entgegensehen.

Die Augen der Engel richteten sich immer öfter und immer häufiger auf das Stück Erde, wo das große Ereignis stattfinden sollte. Maria hatten sie in der letzten Zeit ein wenig aus dem Auge verloren, aber das würde schon alles seinen Lauf gehen. Die ersten Engel waren schon unterwegs, um rechtzeitig zur Stelle zu sein, wenn der Gottessohn das Licht der Welt erblickte.

Auf den ausdrücklichen Wunsch von Gottvater waren keine kirchlichen Würdenträger informiert worden. Sein Sohn sollte nicht in einem Tempel, an fürstlichem Hof aufwachsen, sondern leben und zur Welt kommen, wie die meisten Menschen in diesem Land lebten und zur Welt kamen. Ihnen sollte sein Sohn die Botschaft Gottes bringen, die Botschaft der befreienden Liebe Gottes für die Menschen. Die Tage vergingen, der große Augenblick rückte näher – nichts geschah. Die Spannung der Engel wuchs ins Unerträgliche; die Engel, die für den Erdenauftrag abgeordnet waren, flogen immer nervöser hin und her.

Schließlich, als sich nach einer Woche immer noch nichts getan hatte, fing das Wispern, das Flüstern an. Die Engel steckten die Köpfe zusammen, Fragen wurden laut, Verunsicherung machte sich breit. Die Erdengel schickten verwirrt einen Abgeordneten in den Himmel zurück mit der Frage, was zu tun sei.

Erste Gerüchte kamen in Umlauf: die Erdengel hätten nicht genau genug beobachtet – sagten die Himmelsengel; der Verkündigungsengel habe seinen Auftrag nicht ordentlich erfüllt – sagten die Erdengel. Man kennt das ja, dieses Hin und Her. Aber ereignen tat sich nichts ... Tage, Wochen vergingen ...

... bis eines Tages plötzlich ein atemloser Engel in den Himmel gerast kam, die Flügel zerzaust vom raschen Flug, die Backen gerötet vom Flugwind. Man hatte Maria entdeckt, die gemütlich in ihrer guten Stube saß, strickend. Kein Kleinkind um sie herum war zu sehen, keine Windeln hingen auf der Leine, und Marie selbst zeigte keinerlei Anzeichen einer Schwangerschaft.

Ratlosigkeit breitete sich aus. Natürlich schickte man noch einen wirklich zuverlässigen Engel hinunter, um diese Geschichte nachzuprüfen – aber man ahnte schon, daß sie stimmen würde. Jesus war nicht zur Welt gekommen, wenigstens nicht da, wo er sollte. Wo aber war er?

In ihrer Ratlosigkeit schickten die Engel eine Abordnung zu Gottvater. Dies wagten sie äußerst selten, so groß war ihre Ehrfurcht. Aber sie wußten sich nicht mehr zu helfen – ob er Rat wüßte? Mit hängenden Köpfen und langen Gesichtern kamen die Engel

zurück. Die Wohnungstür, die sonst immer einladend offenstand, war zugesperrt, ein Schild an der Klinke: Vorübergehend außer Haus – Gottvater.

Von Gott war also derzeit keine Hilfe zu erwarten, man mußte wohl oder übel selbst zur Tat schreiten.

Wo ist Gottsohn – das schien wohl die Kernfrage des Problems zu sein. Irgendwo mußte er doch sein! Und so fing generalstabsmäßig das große Suchen an. Ein Engel hatte die hervorragende Idee, die Erde in Längen- und Breitengrade einzuteilen, um so je einer Engelsgruppe ihr Suchgebiet besser zuweisen zu können, denn die Erde als Ganzes war ja doch ein wenig unhandlich.

Und so suchten die Engel landauf, landab – sie schauten in die römischen Tempel und die Hütten der chinesischen Landarbeiter, sie kamen in das indianische Pueblo und den Negerkral in Zentralafrika, suchten bei den Kelten in Irland und bei den Griechen in Sparta. Sie lernten dabei den Himalaya und die Anden kennen, Grönland und die Philippinen, waren am Baikalsee und am Titicaca-See … und dabei erfuhren sie vieles über das menschliche Leben, was sie nicht gewußt hatten, sie sahen Armut und Elend, Not und Kriege, Hunger und Sklaverei … nicht die Liebe regierte die Welt, sondern Haß und Neid.

Die Botschaft Gottes wäre so notwendig in dieser Welt gewesen! Und selbst die dickköpfigsten Engel sahen jetzt ein, daß Gottvater recht hatte, als er darauf bestand, daß sein Sohn nicht in einem Tempel, nicht bei einem König zur Welt kommen sollte. Die Menschen in ihrer Armut brauchten die Botschaft. Die Engel suchten ... immer kleiner wurden die Dörfer, immer ärmer die Bewohner der Hütten ... Gottes Sohn aber wurde nicht gefunden.

Im Jahre 5 der Zeitrechnung nach der vermeintlichen Geburt des Sohnes Gottes trafen sich die Engel erstmals wieder vollzählig im großen Himmelssaal. Eine Himmelskonferenz war einberufen worden. Resigniert waren sie ob der erfolglosen Suche, ratlos – und betroffen von dem, was sie auf der Erde gesehen hatten.

Gottes Botschaft war nicht angekommen. Macht und Haß regierten die Welt. Was aber war nun die Aufgabe der Engel? Nur im Himmel hin- und herfliegen, auf Wolken herumsitzen, brachte wenig Sinn ... nach vielem Gerede wurde es still ... bis ein Engel schließlich zornig sagte: »Also, mir reicht das Geschwätz. Ich kann das Elend da unten auf der Erde nicht länger ansehen. Wenn Gottes Sohn verlorengegangen ist, dann müssen wir es eben selbst machen. Ich jedenfalls schau nicht länger zu.« – Sprach's, packte ein

Stück Himmel ein und flog zur Erde, zurück zur Atlantikküste, wo er vor einigen Tagen die große Sturmflut miterlebt hatte.

Dort ist das Stück Himmel sicher besser am Platz, dachte er, und seine beiden Hände würden genug zu arbeiten, aufzubauen und zu trösten haben.

Sein beherztes Beispiel setzte Zeichen – nach kurzer Zeit der Betroffenheit sahen sich die Engel an, und jedem von ihnen kam die Erdensituation ins Bewußtsein, die er verlassen hatte, als man die Himmelskonferenz einberief. »Reden allein bringt uns nicht weiter«, rief ein anderer Engel, packte sich eine Wolke ein und verschwand – und noch einer und noch einer …

Schließlich saßen nur noch zwei oder drei schlechtgelaunte Engel auf einer kleinen Wolke, die ihnen verblieben war, und starrten sich mißmutig und unzufrieden an. Sie konnten sich nicht entschließen, dem Beispiel der anderen zu folgen. Sie haßten es, wenn ihr weißes Kleid dreckig wurde, die Fingernägel abbrachen.

Die anderen Engel aber landeten auf der Erde, überall dort, wo Not am Mann war, und packten ein Stück Himmel aus. Sie griffen zu, wo es notwendig war, trösteten, wo Trauer war, hörten zu, wenn zugehört werden sollte, teilten ihr Brot, wenn jemand Hunger hatte, hatten Zeit, wenn jemand Zeit brauchte, und kämpften für Gerechtigkeit, wo Ungerechtigkeit herrschte.

Und da, wo sie waren, wurde das Dunkel ein wenig heller, brannte in der Kälte ein Feuer, waren Einsame nicht mehr allein.

Seit dieser Zeit ist Weihnachten nicht mehr nur ein Tag von 365 Tagen, seitdem wird Gott nicht nur in einem Menschen Mensch – seitdem geschieht Weihnachten überall und jederzeit dort, wo ein Stück Himmel auf Erden aufblitzt, die Liebe die Oberhand gewinnt, Menschen die kleine und große Not des Menschen sehen und handeln. Gott wird Mensch – jeden Tag und jederzeit. Und jeder Mensch ist gefragt, in einem solchen Sinne dem anderen Menschen Mensch zu sein.

Sie wollen noch wissen, was aus den drei mißmutigen Engeln auf der verbliebenen Wolke geworden ist? Ich will's Ihnen verraten: Sie haben sich zerstritten, hoffnungslos – jeder sitzt auf seiner Wolkenseite, verteidigt sein Revier bedingungslos, starrt einsam-arrogant in die Weite des Alls – und wenn man genau hinschaut, wachsen ihnen kleine Hörner aus dem Kopf heraus.

Und was denn nun mit Gottes Sohn wirklich war, wollen Sie wissen? Sie sind aber auch gar nicht neugierig, wie? Jesus ist grade sechs Jahre alt geworden, lebt mit elf Geschwistern in einem kleinen Andendorf, formt kleine Täubchen aus Lehm – und ab und an, wenn er mal wieder einem seiner Engel begegnet, ohne daß der ihn erkennt, schmunzelt er zufrieden in sich hinein.

»Nikolaus gesucht!«

Es war ein schöner, angenehmer Oktobertag. Die Sonne hatte die Morgennebel durchdrungen, in den Weinfässern gärte der neue Wein, der Nußbaum im Garten ließ seine Nüsse fallen, es roch nach Zwiebelkuchen und gerösteten Kastanien.

Der Nikolaus genoß seine letzten freien Tage, noch konnte er es sich leisten, ganz gemütlich durch die Gegend zu wandern, irgendwo einzukehren und den Menschen zuzuhören. Früh genug würde der adventliche Streß wieder auf ihn zukommen, ganz zu schweigen vom Nikolaustag. Er seufzte leise, als er daran dachte – die Menschen wurden immer anspruchsvoller. Die Zeiten, als man sie mit einer Handvoll Nüssen und einigen Äpfeln glücklich machen konnte, waren endgültig vorbei. Jetzt sollte es mehr sein: Bücher, Süßigkeiten, Spiele, ...

Der Nikolaus kochte sich einen Kaffee und holte die Zeitung aus dem Briefkasten. Mal schauen, was es in der Welt so Neues gab. Im Moment hatte er ja noch Zeit, sich darum zu kümmern.

Der Nikolaus studierte aufmerksam die Zeitung, las auch die Anzeigen durch, die etwas von den Wünschen der Menschen deutlich machten – und seufzte noch einmal leise vor sich hin. Wieviel Einsamkeit gab es doch bei den Menschen, wieviel Wünsche nach Konsum, die die Unerfülltheit des eigenen Lebens verdecken sollten. Manchmal fühlte er sich so ohnmächtig, irgend etwas zu tun, was wirklich sinnvoll war und den Menschen zum Leben half. Und hinzu kam noch, daß immer weniger Menschen auch wirklich an den Nikolaus glaubten, ja, viele kannten nicht einmal mehr den Unterschied zwischen ihm, dem Nikolaus, und seiner schärfsten Konkurrenz, den Weihnachtsmännern. Wie sollte er sich da noch durchsetzen? Und als er so nachdachte, wurde er ein klein bißchen traurig, der Nikolaus.

Schließlich gab er sich einen kräftigen Ruck, richtete seinen Blick aus der Ferne, in die er sich beim Nachdenken verloren hatte, wieder auf die Zeitung, blätterte um – und da fiel sein Blick auf eine Anzeige, 5 auf 10 cm, mit der fettgedruckten Überschrift: »Nikolaus gesucht!«

Der Nikolaus stutzte, rieb sich die Augen – aber da stand immer noch: »Nikolaus gesucht!« Wer suchte ihn denn da? Und wieso nur auf diesem seltsamen Weg über die Zeitung?? Etwas verwirrt las er weiter und war plötzlich hellwach: »Wer ist bereit, als Niko-

laus am 6. Dezember abends zu Kindern zu gehen, die auf ihn warten? Kostüm wird gestellt! Bewerbungen bitte an Rent-a-nicolaus«.

Der Nikolaus überlegte scharf – was meinten die denn nur? Sollte er etwa im vergangenen Jahr irgendwelche Kinder vergessen haben zu besuchen? Das wäre schlimm – und peinlich. Aber er konnte sich nicht erinnern, daß er irgendwelche Namen auf seiner Liste übersehen hätte – und die kirchliche Verwaltung arbeitete in aller Regel sehr sorgfältig.

Und wieso »Kostüm wird gestellt«? Sollte er sich etwa verkleiden, vielleicht gar als Indianer oder Prinzessin? Nein, also das würde er nicht mitmachen! Der Nikolaus kostümiert sich nicht! Aber wenn die Menschen seinen Besuch wollten, ja ausdrücklich wünschten, dann würde er natürlich gerne hingehen – und möglicherweise wäre da sogar seine Botschaft gefragt und nicht nur seine Geschenke!

Er las die Anzeige noch einmal und entdeckte schließlich einen Namen und eine Telefonnummer. Peter Müller, Tel. xxx (die wirkliche Nummer können wir hier an dieser Stelle natürlich nicht verraten, weil sonst alle Leser und Leserinnen dieser Geschichte den Peter Müller anrufen und fragen, ob das, was ich hier erzähle, auch wirklich stimmt! Die Geschichte stimmt schon – aber der Peter Müller hat auch noch etwas anderes zu tun, als mit Ihnen zu telefonieren!).

Kurzentschlossen griff der Nikolaus zum Telefon und wählte die Nummer: Tuuut – tuuuut – tuuuut... »ja, hier rent-a-nicolaus, Peter Müller!« – »Guten Tag, hier ist der Nikolaus. Ich habe in der Zeitung gelesen, daß Sie mich suchen!« Einen Moment lang schwieg es in der Leitung, dann sagte die Stimme: »Ja, wir suchen noch einen Nikolaus. Könnten Sie das übernehmen?« – »Ja, ich denke schon«, antwortete der Nikolaus, »was erwarten Sie denn von mir?« – »Naja, Sie sollten halt als Nikolaus kommen, also entsprechend angezogen sein, meine ich.« – »Natürlich komm ich als Nikolaus!«, sagte der Nikolaus leicht irritiert, »ich brauch mich also nicht zu verkleiden?« Sein Gegenüber stutzte: »Naja, nach einem Nikolaus sollten Sie schon aussehen, also roter Mantel, weißer Bart und so, damit Ihnen die Leute das auch glauben!« Das hörte der Nikolaus gerne: wenn er als Nikolaus kommen würde, würden ihm die Leute sicher eher glauben, als wenn er als Indianer oder als Prinzessin käme. Er war froh, daß diese Hürde umschifft worden war. »Vielleicht könnten Sie bei uns im Büro vorbeischauen«, schlug Peter Muller vor, »dann könnten wir alle Einzelheiten genauer abklären.« Die beiden verabredeten Tag und Uhrzeit, Peter Müller erklärte dem Nikolaus noch den Weg, dann legten sie auf.

Der Nikolaus wanderte unruhig in seiner kleinen Hütte umher. Ob das die Chance war, auf die er so lange Jahre gewartet hatte? Daß jemand mal nicht vorrangig auf Geschenke aus war, sondern an ihm und seiner Botschaft interessiert war? Klar, die Geschenke gehörten dazu – aber sie waren doch nur unzureichende Zeichen für die Botschaft, die er eigentlich weitersagen wollte: Helft den Menschen, die in Not sind! Auf seinen jahrelangen Wanderungen hatte er so viel Not gesehen: Menschen, die verhungerten, weil sie kein Brot oder keine Zuwendung bekamen, die kein Obdach hatten, nichts und niemanden, wo sie sich bergen konnten, Menschen, die weinten und nicht getröstet wurden, die mutlos geworden waren durch Enttäuschungen, die vor die Tür gesetzt wurden, weil sie unbequem und lästig waren.

Der Nikolaus seufzte. Es gab so viel zu tun – aber er allein konnte ja nun auch nicht überall zugleich sein. Vielleicht gab es ja über diese seltsame Firma irgendeine neue Chance – und wenn es auch nur eine klitzekleine Chance wäre, dann würde er sie gerne wahrnehmen.

Der Tag kam, an dem sich der Nikolaus mit Peter Müller treffen wollte. Der Nikolaus putzte sich extra fein heraus, kämmte den langen weißen Bart gründlich durch, bürstete seinen roten Mantel, polierte das Holz seines Bischofsstabes.

Das Büro war modern eingerichtet, ein Computer stand in der Ecke, ein Fax-Gerät, ein Fotokopierer. Der Nikolaus staunte – was es nicht alles gab! Aber

wenn es hilfreich wäre, um seine Botschaft zu ver-
breiten, nun gut, warum nicht? Peter Müller trug einen
teuren Anzug und sah ziemlich seriös aus. Als der
Nikolaus eintrat, diktierte er gerade einen Brief, unterbrach aber sofort, stand auf und begrüßte seinen Besu-
cher. »Sie sehen in dieser Kleidung aber wirklich toll
aus! Wo haben Sie die denn machen lassen? Das ist ja
richtige Wertarbeit!« Der Nikolaus lächelte geschmei-
chelt, ja, sein Mantel war wirklich ganz hübsch geworden. Gute Qualität, die nutzte sich nicht so leicht ab!
»In der Sternengasse 28«, antwortete er, »kennen Sie
die?« – Peter Müller zückte Papier und Bleistift und
notierte die Adresse: »Nein, aber ich nehme sicher mal
Kontakt zu denen auf!«

»Ja, dann kommen wir doch mal zum Geschäft-
lichen!«, sagte Peter Müller und bat den Nikolaus, in
einer kleinen Sitzecke Platz zu nehmen. »Wenn Sie
kein Kostüm brauchen, dann kann ich Ihnen auch ein
bißchen mehr zahlen. Sagen wir DM 35,-- pro Besuch?« Der Nikolaus war etwas verwirrt – zahlen,
wieso zahlen? »Mir brauchen Sie nichts zu zahlen –
ich mach das, weil ich selbst an dieser Aufgabe interessiert bin!« – »Doch, doch«, sagte Herr Müller, »Ihr
Engagement in allen Ehren, aber jede Arbeit ist ihres
Lohnes wert. Und falls Sie das Geld überhaupt nicht
haben wollen, können Sie es ja immer noch spen-
den!« Das leuchtete auch dem Nikolaus ein – na gut,

wenn der Herr Müller sein Geld unbedingt loswerden wollte – er wußte genug Menschen, die über ein paar Mark ganz froh wären. »Also gut«, stimmte er zögernd zu. »Und welche Kinder soll ich besuchen?« – »Da bekommen Sie rechtzeitig eine Liste von mir. Die Eltern melden sich bei mir und bestellen sozusagen den Nikolaus ins Haus. Die Eltern sagen dann auch die Namen und das Alter der Kinder sowie all das, was die Kinder getan haben, und was der Nikolaus erwähnen soll. Und die Geschenke, die Sie mitbringen, geben die Eltern vorher bei uns ab. Wir stellen Ihnen dann eine Liste zusammen mit den notwendigen Namen, Adressen und Informationen – und richten Ihnen dann auch schon die Geschenkpäckchen in der richtigen Reihenfolge.« Der Nikolaus hörte leicht irritiert zu. »Wie meinen Sie das, ›was die Kinder getan haben‹, und was ich erwähnen soll?« – »Ach, das kennen Sie nicht?« fragte Peter Müller erstaunt zurück. »Wenn der Nikolaus kommt, dann sagen die Kinder ein Gedicht oder singen ein Lied – und dann zählt der Nikolaus auf, was die Kinder falsch und was sie gut gemacht haben, und droht ein bißchen und lobt ein bißchen – und am Schluß rückt er halt doch die Geschenke raus, wenn die Kinder versprochen haben, zukünftig nur noch brav zu sein! Verstehen Sie?« – Nein, der Nikolaus verstand grad gar nichts mehr, Gedicht und Lied, okay – aber drohen und schimpfen?

Das war nicht seine Sache. Er wollte die Menschen an Gott und an die Liebe erinnern, verstand die Geschenke als Zeichen dafür und wollte dazu ermuntern, Menschen in Not... – mitten in seine Gedanken hinein fragte Peter Müller etwas ungeduldig: »Wie ist das nun, übernehmen Sie den Job?« Der Nikolaus schrak leicht zusammen, so war er in seinen Gedanken versunken – und hatte gar nicht so genau zugehört, was Peter Müller ihn gefragt hatte. Er stammelte ein bißchen: »Naja ... vielleicht ... eigentlich ...« – »Das ist ja prima, daß Sie den Job übernehmen!« freute sich Peter Müller. »Dann kommen Sie doch bitte am 5. Dezember hier vorbei, holen die Liste und die Geschenke. Und ich überweise das Honorar dann auf Ihr Konto. Also, auf Wiedersehen, bis zum 5. Dezember dann!« Dem Nikolaus wurde kräftig die Hand geschüttelt, und bevor er sich richtig versah, stand er bereits wieder draußen vor der Tür. Und da erst fiel ihm ein, daß er ja gar kein Konto hatte, auf das Herr Müller das Honorar überweisen konnte ...

Ziemlich verwirrt trat er den Heimweg an – und er war froh, als er schließlich seine Hütte erreicht hatte. Er machte sich einen Tee und beschloß, erst einmal in aller Ruhe nachzudenken. Irgendwie – da mußte ein Mißverständnis vorliegen. Ein Nikolaus, der Böses bestraft? Der Kindern drohen und Angst einjagen soll? Das hatte er noch nie in seiner ganzen

Laufbahn getan – und gedachte dies auch zukünftig nicht zu tun. Irgendwas war da faul an der Sache. Fast hörte es sich so an, als ob manche Eltern, die mit ihren Kindern aus irgendeinem Grund nicht zu Rande kamen, nach dem Nikolaus riefen, damit der die Kinder auf Vordermann brachte. Den Nikolaus schüttelte es leicht. Er fand es heutzutage eigentlich schon schwer genug, Kind zu sein – und war der festen Überzeugung, daß Ermutigung wirklich dringender angesagt wäre als Angstmachen.

Gut – er war sich seiner Sache sicher, aber was hieß das denn jetzt für die Aufgabe, die er da übernommen hatte? Eigentlich müßte er ehrlicherweise absagen, aber ... und da stahl sich eine leise Idee in Nikolaus' Kopf hinein. Er dachte einen Moment lang nach, und so ganz allmählich wurde sein Plan klarer, und ein leichtes Schmunzeln stahl sich auf sein Gesicht.

Am 5. Dezember ging er im Büro von Peter Müller vorbei, um die Liste und die Geschenke abzuholen.

Peter Müller begrüßte ihn freundlich und sehr geschäftig: »Absolute Hochsaison, Herr Kollege! Ich habe leider gar keine Zeit, wie Sie sehen. Hier ist die Liste, dort liegen die Geschenke – könnte ich Ihre Kontonummer haben?« – »Mir wäre es lieber, wenn ich das Geld bar bekommen könnte!«, sagte der Nikolaus freundlich, aber entschieden. Es gehörte zu seinem

Plan, und er war nur froh, daß ihn der Erzengel Gabriel bei einer kollegialen Beratung auf diese Idee gebracht hatte. Peter Müller zog erstaunt eine Augenbraue hoch: »Naja, wie Sie wollen. Es macht uns zwar mehr Arbeit, aber wenn Sie darauf bestehen ...« – »Doch, es wäre mir lieber so!«, sagte der Nikolaus fest. »Dann kommen Sie halt am 8. Dezember hier vorbei und holen Sie es sich ab. Aber einfacher wäre es wirklich ...« – »Vielen Dank!«, sagte der Nikolaus verabschiedend (das hatte er bei seinem ersten Besuch von Peter Müller gelernt!) und stand bereits wieder vor der Tür. Er widerstand der Neugier, schon jetzt einen Blick auf die Liste zu werden – aber er lief schneller, so daß er in Windeseile wieder in seiner Hütte war.

Er machte es sich in seinem Ohrensessel gemütlich, schaltete die kleine Tischlampe mit dem gemütlichen Licht an, nahm genießerisch einen Schluck von dem rubinfarbenen Rotwein – und schaute sich dann die Liste genauer an.

– Fam. Brado: Anke, 7, und Claus, 4

Die beiden Kinder lassen ihre Eltern nie in Ruhe und machen dauernd Sachen kaputt. Vom Fernseher sind sie nicht wegzubringen.

– Fam. Dreier: Michael, 8, Sabine, 6, Benedikt, 3

Die Kinder sind sehr laut. Michael macht seine Hausaufgaben nicht ordentlich, Sabine hilft der Mutter nicht, Benedikt schlägt um sich.

– Fam. Schulz-Meierhofen: Klara und Theresia, beide 6, Jürgen 4

Die Zwillinge haben Geheimnisse, Jürgen zündelt herum und hätte beinahe schon mal das Wohnzimmer in Brand gesetzt.

usw. usw.

Der Nikolaus seufzte, als er die Liste las. Er ahnte schon, warum die Kinder so reagierten. Und wieso überhaupt sollten eigentlich Kinder für ihre Lebendigkeit bestraft werden? Zugegeben – es gab Grenzen, aber die konnte man doch auch miteinander vereinbaren. Und warum sollten eigentlich Zwillinge keine Geheimnisse haben dürfen? Und er spürte ganz deutlich: Sein Plan stimmte. Und er freute sich immer mehr auf den nächsten Tag ...

Als es am Abend dämmerte, machte sich der Nikolaus auf den Weg. Er hatte sich noch viel Mühe und Arbeit gemacht und hatte für jede Familie, die er heute besuchen sollte, noch ein extra Geschenk ausgewählt und hübsch verpackt. Und jetzt war er nur noch neugierig ...

Rasch fand er die Straße, in der die Familie Brado wohnte. Hm, dachte er, ein ganz hübsches Häuschen, sehr ordentlich und gepflegt – man sollte gar nicht meinen, daß hier auch Kinder wohnten. Er packte die Geschenke in seinen Sack und klingelte. Er hörte ein leises Wispern hinter der Tür, schließlich das Summen des Türöffners. Als er eintrat, sah er zwei Kinder vor sich stehen, die ihn scheu anschauten und dann zaghaft zu singen begannen: »Niklaus ist ein guter Mann...«. Der Nikolaus stellte seinen Sack in der Ecke ab und hörte zu. Als die beiden mit ihrem Lied fertig waren, sagte er freundlich: »Das habt ihr aber schön gemacht – und ihr seid wohl Anke und Claus!« Die beiden Kinder nickten stumm. Meine Güte, was mochten ihnen die Eltern wohl nur erzählt haben, daß sie so ängstlich waren, dachte der Nikolaus. »Ihr braucht keine Angst zu haben,« sagte der Nikolaus freundlich zu den beiden, »ich bin gekommen, um euch eine kleine Freude zu machen!« – Anke und Claus sahen neugierig zu dem fremden Mann hoch. Ob das wohl stimmte? Der Nikolaus hockte sich zu den beiden auf den Boden und fragte ganz interessiert: »Sagt mal, ich hab' gehört, daß ihr beiden soviel Fernsehen schaut. Stimmt das denn?« Anke nahm ihren ganzen Mut zusammen: »Nein!«, sagte sie empört, »stimmt überhaupt nicht! Wir gucken auch nicht mehr als die anderen – und überhaupt, wenn Papi und Mami nie Zeit zum Spielen haben, dann ist uns einfach langweilig!« Claus nickte nur zu den Worten seiner Schwester. Der Nikolaus schaute zu Herrn und Frau Brado, die in einer Ecke standen und dem Ganzen bisher schweigend zugesehen hatten: »Stimmt das, Frau Brado?« – Frau Brado errötete leicht, als sie so überraschend direkt angesprochen wurde. Und vielleicht war es genau diese Überraschung, daß sie sagte: »Naja, viel Zeit haben wir nicht für die Kinder, das stimmt schon. Wissen Sie, wir sind beide berufstätig, das Häuschen ist noch nicht abgezahlt – und abends sind wir beide auch einfach müde.« Der Nikolaus nickte verständnisvoll: »Ja, das kenne ich aus vielen Familien. Aber könnte es nicht sein, daß das Verhalten von Anke und Claus einfach eine Reaktion darauf ist? Daß sie Sie deshalb nicht in Ruhe lassen, wenn Sie mal da sind, weil sie einfach zu wenig von Ihnen haben? Und wenn Sie dann keine Zeit haben, sich notgedrungen vor den Fernseher setzen, obwohl sie eigentlich viel lieber mit Ihnen reden und spielen möchten?« Frau Brado wirkte nachdenklich: »Ja, das kann schon ...« – Herr Brado fiel ihr ins Wort: »Was fällt Ihnen eigentlich ein? Was haben Sie sich da einzumischen? Schließlich haben wir Sie engagiert, um ...« – »Richtig,« besänftigte ihn der Nikolaus, »aber glauben Sie wirklich, daß eine Bestrafung von Anke und Claus irgendwas ändern würde, wenn Sie Ihr Verhalten den Kindern gegenüber nicht ändern? Ach – und überhaupt, was läuft denn gerade bei Ihnen im Fernsehen?« Herr Brado war leicht verwirrt: »Irgendein Bundesligaspiel, glaube ich – wieso? – und überhaupt, es ist wohl besser, wenn Sie jetzt gehen!« fügte er schließlich mit entschieden drohender Stimme hinzu.

Nikolaus sah ein, daß es wohl wenig Sinn hatte, Herrn und Frau Brado weiterhin davon zu überzeugen, daß eigentlich sie es waren, die das Verhalten ihrer Kinder hervorriefen. Und wenn er jetzt weiter hartnäckig bliebe, dann würden es wohl anschliessend nur Anke und Claus ausbaden müssen. Schade, dachte er – aber im Moment wohl nicht zu ändern. Er holte die Geschenke für die beiden Kinder hervor und einen kleinen Umschlag, den er Anke in die Hand drückte: »Hier, Anke, das ist eine Tagesfamilienkarte für den Zoo. Nehmt gelegentlich mal eure Eltern mit!« Ankes Augen strahlten, aber sie traute sich nicht, irgendwas zu sagen. »Raus jetzt!«, drohte Herr Brado leicht erregt, »sonst hole ich die Polizei, und ich beschwere mich bei Ihrer Firma!«

Nikolaus zuckte die Schultern und ging. Rausgeschmissen worden war er noch nie. Komisches Gefühl – aber naja ... und das mit der Beschwerde nahm er nicht so schwer. Bei Peter Müller sollte er sich ruhig beschweren – und in der alljährlichen Heiligenversammlung hatte er eigentlich einen ganz guten Stand. Die Kollegen und Kolleginnen kannten schließlich die Welt.

Schade, daß sein Plan mißglückt war. Dabei hatte er sich das so schön vorgestellt: Mit den Kindern und Eltern ins Gespräch zu kommen, um miteinander zu schauen, warum denn die Kinder so reagieren, und neue Wege möglich zu machen. Aber so schnell gibt ein Nikolaus nicht auf. Entschlossen machte er sich auf den Weg zur Familie Dreier. Vielleicht würde hier sein Plan klappen.

Um es kurz zu machen – überall flog der Nikolaus an diesem Abend hochkant aus den Wohnungen und Häusern heraus, wenn er versuchte, seinen Plan in die Tat umzusetzen. Einmal war er nur knapp einem Schäferhund entkommen, den ein Vater wütend auf ihn angesetzt hatte, ein anderesmal hatte die Frau schon den Telefonhörer in der Hand, um die Polizei anzurufen.

Enttäuscht und mutlos, mit einigen blauen Flekken am Körper und an der Seele, kehrte der Nikolaus schließlich spätabends heim. War sein Plan falsch gewesen? Hatte er etwas falsch gemacht? Wollten oder konnten ihn die Menschen nicht verstehen? Er grübelte vor sich hin, verging in Selbstzweifeln – und dazu war es jetzt schon zu spät, um den Erzengel Gabriel anzurufen. Vielleicht hätte der eine Erklärung gehabt. Und als Nikolaus schließlich im Bett lag nach der ganzen Aufregung dieses anstrengenden Tages, da weinte er doch tatsächlich ein bißchen vor sich hin.

Am nächsten Morgen wachte er wie zerschlagen auf, er hatte Kopfschmerzen und sein Hals tat ihm weh. Er fühlte sich schlichtweg miserabel.

Am Nachmittag hatte er sich so weit im Griff, daß er endlich beim Erzengel Gabriel anrufen konnte. Er schilderte ihm die ganze Misere und fragte schließlich ganz verzweifelt, ob es denn jetzt noch überhaupt irgendeinen Sinn habe, am nächsten Tag zu Peter Müller zu gehen und um sein Honorar zu bitten. Ärger hatte er eigentlich mit der ganzen Geschichte genug gehabt. Gabriel war auch ein bißchen ratlos, er konnte sich gar nicht erklären, warum die ganze Geschichte so schief gelaufen war. Gut, er war selbst nicht so oft auf der Erde tätig, aber wenn er irgendwo was gesagt hatte, dann wurde höchstens nochmal nachgefragt, aber dann taten die Menschen auch, was er ihnen empfahl. So konnte er den Nikolaus nur ein bißchen trösten, aber groß unterstützen und helfen, das konnte er im Moment auch nicht. Gabriel empfahl dem Nikolaus, trotzdem zu Peter Müller zu gehen, auch wenn es Ärger geben würde. Vielleicht konnte ja wenigstens der zweite Teil des Planes ... aber viel Hoffnung hatte er, ehrlich gesagt, auch nicht.

Nikolaus seufzte innerlich. Klar, Gabriel hatte schon recht, aber lieber wäre es ihm eigentlich gewesen, einfach ganz schnell einen Schlußstrich unter die ganze Sache zu ziehen und die Aktion mitsamt Plan möglichst schnell zu vergessen.

Trübtraurig zog sich Nikolaus am nächsten Morgen an und schlenderte langsam durch die Stadt zu dem Büro von Peter Müller. Ob es nicht doch einen anderen Weg gäbe, als so nochmal mit der eigenen Niederlage konfrontiert zu werden? Aber ihm fiel nichts ein – und so stand er schließlich, nachdem er Schaufenster um Schaufenster angeschaut hatte, doch vor der Bürotür. Er holte tief Luft, schluckte einmal, räusperte sich – und klopfte schließlich zaghaft. »Herein!« klang es dynamisch aus dem Büro. Nikolaus öffnete leise die Tür, schlich sich irgendwie in das Zimmer hinein und stand schließlich so in einer Ecke, als ob er eigentlich gar nicht da wäre.

»Ach, Sie sind das!« überraschenderweise klang die Stimme von Peter Müller eher erfreut als verärgert. Nikolaus glaubte seinen Ohren nicht zu trauen. Kein Ärger? Kein Protest? »Sie sind ja schon ein Teufelskerl! Wie haben Sie das denn gemacht?« rief Peter Müller begeistert. Der Nikolaus faßte ein bißchen Mut und fragte zaghaft: »Wie, was soll ich denn gemacht haben?« – »Na, Ihre Besuche bei den Familien! Ich hab noch nie soviel positive Rückmeldung auf Nikolausbesuche bekommen wie bei Ihnen. Sonst überweisen die Leute einfach das Geld, aber alle diejenigen, bei denen Sie waren, haben mich vollkommen begeistert angerufen – und ausdrücklich verlangt, daß nächstes Jahr auf jeden Fall Sie kommen müssen!« Jetzt war der Nikolaus nur noch erstaunt. Begeistert? Und wiederkommen? Und dabei war er doch überall rausgeflogen ...

»Was haben die Leute denn erzählt?« fragte er schüchtern, aber doch hellhörig geworden. »Das war absolut spannend. Alle haben erzählt, daß sie sich zuerst furchtbar über Sie aufgeregt hätten und Sie regelrecht vor die Tür gesetzt hätten. Aber dann hat eine Tochter wohl gefragt, wann denn die Eltern mit in den Zoo kämen, und in einer anderen Familie hat der Sohn das Spiel angeschleppt, das Sie mitgebracht haben, und dann haben alle miteinander gespielt, und all so Sachen. Alle haben jedenfalls gesagt, daß sie zwar furchtbar sauer waren, aber daß sie dann ins Nachdenken gekommen wären über das, was Sie gesagt hätten – und es wäre gut so.« Langsam stahl sich ein breites Schmunzeln und Strahlen auf Nikolaus' Gesicht. »Schön!«, sagte er von Herzen, »das freut mich!«

Peter Müller nahm einen Briefumschlag vom Schreibtisch und drückte ihn dem Nikolaus in die Hand. »Hier«, sagte er, »das haben Sie sich reichlich verdient. Ich habe das Honorar noch ein bißchen aufgestockt.« Nikolaus wurde leicht verlegen, nahm den Briefumschlag dann aber trotzdem. Er wußte schon, wer es gut brauchen könnte.

»Sagen Sie«, Peter Müller wurde wieder geschäftlich, »würden Sie im nächsten Jahr wieder für mich arbeiten? Ich wäre daran sehr interessiert. Und überhaupt, ich würde gerne Ihren Stil für unser Haus übernehmen wollen, sehen Sie da irgendeine Möglichkeit?«

Inzwischen grinste der Nikolaus nur noch breit vor sich hin: »Klar!«, sagte er, »wir machen Nikolaus-Trainings-Seminare!«

Im folgenden Jahr erschien in der Zeitung folgende Anzeige: Wir suchen Männer und Frauen, die am 6.12. Familien besuchen und mit ihnen ins Gespräch kommen. Ziel ist es, die Erinnerung an die Liebe Gottes wachzuhalten und in die Praxis umzusetzen. Entsprechende Schulung durch Experten und kollegiale Beratung sind selbstverständlich! Ihr Engagement wird vorausgesetzt. Entsprechende Bekleidung (Wertarbeit) wird gestellt! Bitte melden Sie sich bei Peter Müller, Tel. xxx.

Und als der Nikolaus an einem schönen Oktobermorgen diese Anzeige las, war er sehr zufrieden.

Auf vielen Weihnachtsdarstellungen sind Engel abgebildet, frohlockende und jubilierende Engel, verkündende und wachende Engel, manche halten Spruchbänder in den Händen, andere musizieren, ... oder welche Aufgaben sie auch sonst noch immer wahrnehmen mögen. Das mag ja noch seine Richtigkeit haben – aber haben Sie sich mal die Flügel dieser Engel genauer angesehen? Richtig: Prachtvoll, strahlend, majestätisch. Und das glaube ich eigentlich nicht mehr, nachdem mir Norbert seine Geschichte erzählt hat:

Wenn Engel Federn lassen ...

Norbert, von dem ich diese Geschichte gehört habe, ist ein junger Engel. Nein, kein kleiner Engel, die gibt es zwar auch – aber das wäre schon wieder eine andere Geschichte.

Norbert ist ein junger, großer Engel – und derzeit in der Ausbildung zum Erzengel, also eine Art »Lern-Engel«. Auch Engel haben eine Lehr- und Ausbildungszeit, um wirklich gute und hilfreiche Engel zu werden und ihre Aufgaben ordentlich zu erfüllen zu können. Norberts Ausbildung war fast beendet, das hatte kürzlich der Erzengel Michael durchblicken lassen, dem er als Lern-Engel zugeordnet war.

Norbert freute sich auf den Tag, an dem er endlich ganz selbstverantwortlich seinen Dienst tun würde. Er hatte sich für Gott entschieden und war bereit, alles für ihn zu tun – und er mochte die Menschen, auch wenn sie auf der Erde immer wieder einigen Unsinn anstellten. Gerade deshalb wollte Norbert Erzengel werden, ihm schien es eine reizvolle Aufgabe zu sein, zwischen Gott und den Menschen zu vermitteln, gewissermaßen Himmel und Erde miteinander zu verbinden.

Er fand viel Sinn in seiner Aufgabe und tat die Arbeit gern, er war idealistisch, voller Träume und Ideen, und engagierte sich mit Hingabe.

Gelegentlich aber verlor sogar er die Hoffnung – die Menschen schienen so wenig von der Botschaft Gottes verstanden zu haben, überall herrschte Unheil und Unfriede, im großen wie im kleinen – und hatte er eine Sache erledigt, waren gleich zwei neue Aufgaben da. Wo sollte das nur noch hinführen? Manchmal fühlte sich Norbert wirklich ein bißchen überfordert – aber dann sagte er sich: »Bange machen gilt nicht!« – und flog seiner nächsten Aufgabe entgegen.

Zwei Dinge sollte man von Norbert vielleicht noch wissen, bevor die Geschichte richtig beginnt:

Norbert wohnte im Himmel auf Wolke 17a – und dort fühlte er sich eigentlich ganz daheim – *wenn* er mal zuhause war. Junge Engel sind auch im Himmel eher selten geworden, und so hatte Norbert zahlreiche Aufträge, die ihn zur Erde führten. Er war nicht immer glücklich darüber, schon wieder wegfliegen zu müssen, ihm gefiel es auf seiner Wolke eigentlich ganz gut – aber er sah's ja ein: Den Menschen mußte geholfen werden, sie brauchten die Botschaft Gottes in ihrem Leben – und sie brauchten deshalb die Engel. Trotzdem, manchmal wünschte er sich, er könnte seine Aufgaben auch erfüllen, ohne soviel unterwegs zu sein – aber wenn er im Himmel hätte bleiben wollen, hätte er halt »Lobpreis-Engel« werden müssen. Dazu aber fühlte Norbert sich nun doch nicht berufen. Und so packte er halt mal wieder seinen Flugrucksack ...

Erwähnt werden muß auch noch, daß Norbert eine Schwäche hatte, an der auch der Erzengel Michael trotz aller Bemühungen nichts hatte tun können – Norbert neigte ein wenig zum Stolz. Er war schlichtweg verliebt in seine Flügel – zugegeben, sie waren wirklich wunderschön! Und so schaute er manchmal ein wenig hochmütig auf die Engel herab, deren Flügel etwas mitgenommen aussahen. Konnten denn die Kollegen-Engel nicht ein wenig sorgfältiger mit ihnen umgehen, nicht besser darauf aufpassen? Schließlich waren es doch nicht zuletzt die Flügel, die einen Engel zum Engel machen. So dachte er manchmal – und richtete an seinen Flügeln dort eine Feder, putzte da einen Fleck weg, bürstete und strich glatt. Und bei 144 Federn, aus denen jeder Engelsflügel besteht, konnte das schon ziemlich Arbeit machen. Er jedenfalls mochte seine Flügel, ja, jede einzelne Feder – und er würde sie um nichts auf der Erde und im Himmel hergeben!

Es war ein Dienstagabend, an dem diese Geschichte eigentlich begann. Norbert hatte einen ruhigen Wolkentag hinter sich. Von seinen letzten Aufträgen her war er ziemlich müde gewesen, jetzt hatte er

viel geschlafen und ein bißchen aufgeräumt. Wenn man viel unterwegs ist, bleibt doch manches liegen. Der geruhsame Tag hatte ihm gut getan. Und nachdem es gegen Abend auch im Himmel ein bißchen ruhiger wurde, beschloß Norbert, eine kleine Runde spazierenzufliegen und auf der Dienstwolke vorbeizuschauen, ob es dort eine Mitteilung für ihn gab. Er warf noch einen Blick auf seine Flügel, rückte die eine und andere Feder zurecht, gab den obersten Federn einen leichten Schwung – und flog los. Er hatte Zeit heute abend, hielt da und dort ein Schwätzchen, schaute auf Wolke 13 vorbei, wo sein Engelfreund Peter wohnte (aber der war natürlich mal wieder ausgeflogen), und landete schließlich auf seiner Dienstwolke. Im Postkörbchen lag einiges, die letzten Himmelsrundbriefe, Werbung für Duftöle und Sternenflimmer, die allerneueste Statistik zur Frage, ob die Menschen an Engel glauben – und schließlich ein kleiner, blaßvioletter Umschlag ohne Absender, sorgfältig zugeklebt. Mit schöner Handschrift stand »für Engel Norbert« darauf. Norbert drehte den Umschlag neugierig hin und her, solche Umschläge hatte er im Himmel noch nie zu Gesicht bekommen – und riß ihn schließlich gespannt auf. Drinnen lag ein zusammengefalteter, ebenfalls blaßvioletter Briefbogen – und als Norbert ihn auseinanderfaltete und sein Blick auf die oberste Zeile fiel, wurde ihm doch etwas schwach in den Flügeln. Da stand nämlich einfach nur: »Von Gott an Norbert, zur Zeit Lern-Engel«. Das konnte nicht wahr sein! Gott hatte ihm geschrieben, ihm ganz persönlich – das war noch nie vorgekommen! Vor Norberts Augen verschwammen die Buchstaben, die Außenfedern seiner Flügel zitterten leicht – und Norbert hatte das dringende Bedürfnis, sich jetzt einfach irgendwo hinzusetzen.

Gott! Gott hatte ihm geschrieben! Du meine Güte – das hatte er noch nie gehört, daß sich Gott höchstpersönlich an einen Lern-Engel wandte. Blitzschnell erforschte er sein Gewissen – aber er konnte sich an nichts erinnern, das er getan oder unterlassen hätte, was für einen Tadel Gottes hätte Anlaß sein können. Naja, zugegeben, als er das letzte Mal auf der Erde gewesen war, war er bei dem schönen Wetter noch schwimmen gegangen, obwohl sein Auftrag schon erledigt war, und beim vorletzten Mal hatte er eine Tüte Gummibärchen von der Erde in den Himmel mitgebracht, obwohl das streng verboten war – er aß sie halt so gerne. Aber all das waren ja nun wirklich keine Dinge, um die sich Gott persönlich kümmern würde. Von seinem Ausbilderengel Michael hatte er da manchmal schon den einen oder anderen Tadel einstecken müssen – aber daß Gott sich mit Gummibärchen befaßte, das glaubte er nun doch nicht. Was aber konnte Gott dann nur von ihm wollen?

Norbert holte tief Luft – und las weiter: »Lieber Norbert, bitte flieg nach Krisanistan und sorg dort ein bißchen für Ordnung! Mit freundlichem Gruß, Gott.« Norberts Augen wurden beim Lesen groß und immer größer. Ein Auftrag von Gott für ihn, den Lern-Engel? Und das handgeschrieben auf blaßviolettem Papier? Und Gott ordnete nicht einfach an, sondern sagte »bitte!«? Und »lieber Norbert«?

Er verstand den Himmel nicht mehr. So etwas war seines Wissens noch nie vorgekommen, daß Gott höchstpersönlich mit einem Lern-Engel ...

In ihm jagten sich die Gedanken und Gefühle. Er freute sich über das Vertrauen Gottes in ihn und war stolz über den Auftrag – aber mußte es denn gerade Krisanistan sein? Da murksten ja schon die UN-Friedenstruppen lang genug herum und kamen keinen Schritt voran, die großen Weltmächte bissen sich die Zähne daran aus. Wie stellte Gott sich das nur vor? Krisanistan – unmöglich! Das war drei Nummern zu groß für ihn. Krieg zwischen den Völkern, kein Mensch blickte da mehr durch – und sogar ob Gott noch durchblickte, wagte in diesem Moment Norbert zu bezweifeln. Wie sonst wäre er wohl auf die Idee gekommen, gerade ihn nach Krisanistan zu schicken?

Aber Gott bat ihn – handgeschrieben auf blaßviolettem Papier. Dieser persönlichen Bitte konnte sich Norbert kaum entziehen, und damit saß er in der

Patsche: Nahm er den Auftrag Gottes an, mußte er scheitern, einfach weil er nicht zu erfüllen war – lehnte er den Auftrag ab, dann war es auch aus. Egal, wie er sich entscheiden würde, sein Erzengeldiplom konnte er sich abschminken. Klar – wer würde auch einem Lern-Engel das Diplom verleihen, der bei einem persönlichen Auftrag Gottes kläglich versagte oder ihn gar ablehnte?

Norbert war schlichtweg ratlos. Er saß auf seiner Dienstwolke, den Brief Gottes in den Händen, die Flügel leicht herunterhängend, ein bißchen traurig, ein bißchen überfordert – und ziemlich durcheinander.

In dem Moment klingelte das Telefon. Norbert überlegte einen Moment lang, ob er drangehen sollte, er hatte jetzt keine Lust auf nette Plaudereien. Der Anrufbeantworter war eingeschaltet, und so ließ er es einfach klingeln. Als das Band ansprang, hörte er sich selbst seinen Spruch sagen, dann klickte es – und eine Stimme sprach laut und vernehmbar: »Hier ist der Erzengel Michael. Schade, daß du nicht da bist. Könntest Du Dich bitte bei mir melden? Es ist dringend! Schönen Tag noch! Michael!« – Norbert zögerte einen Moment, was war denn grad nur los – alle wollten was von ihm!?

Dann griff er zum Telefonhörer, wählte und meldete sich: »Hallo Michael, hier ist Norbert. Tut mir leid,

daß ich grad nicht abgenommen habe – aber ...« –
seine Stimme stockte. »Was ist denn los?«, fragte
Michael. »Ich hab da einen Auftrag vom Chef persönlich, und ich kann das doch gar nicht, und das geht
überhaupt nicht, aber wenn ich das nicht mache,
dann weiß ich auch nicht mehr, und ...«, Norberts
Stimme versagte und Tränen kullerten seine Wangen
entlang. Michael sagte kurz entschlossen: »Hast Du
Zeit? Dann komm her!« Norbert zögerte kurz, aber
dann schluchzte er auf: »Ja, ich glaube, das wär jetzt
ganz gut...!«

Eine Viertelstunde später saß Norbert Michael
gegenüber – dieses Mal hatte er sich nicht die Zeit
genommen, noch seine Flügelfedern zu richten, ein
bißchen zerzaust sah er schon aus.

Michael wußte von dem Auftrag Gottes an Norbert – und konnte ahnen, was da grad in seinem Lern-
Engel vorging. Deshalb hatte er sich auch bei ihm
gemeldet.

Ganz behutsam fragte er: »Was hat dich denn so
durcheinandergebracht?« – »Michael – egal, wie ich
mich entscheide, mach ich es falsch! Den Auftrag pack
ich nicht – und Gott enttäuschen will ich auch nicht.
Aber Krisanistan – das ist zu schwer für mich!«

Norbert schluchzte auf – und er war tatsächlich so
durcheinander, daß er seine allerunterste linke Flügel-
feder in seinen Händen hin und her drehte – was

ihrem Aussehen nun allerdings wirklich nicht so arg
gut bekam.

Michael dachte einen Moment lang schweigend
nach. Dann sagte er schließlich: »Ich kann dich, glaube ich, ganz gut verstehen, Norbert. Aber – Engel zu
sein, das ist nicht einfach. Das kostet auch viel Kraft
und Hoffnung und Liebe. Und es braucht den Glauben.« – »Den Glauben an was?«, fragte Norbert,
immer noch und schon wieder neu ein bißchen verwirrt. »Den Glauben daran, daß Gott mir auch bei solchen Zumutungen gut will, daß er mich meint, mit
allen Konsequenzen, daß Gott mit meinem Tun und
meinem Lassen ist.« – Norbert schüttelte verständnis-
los den Kopf: »Ich weiß nicht so recht – wenn dieser
Gott mir gut wollte, würde er mich nicht in solche
Situationen bringen!«Michael antwortete liebevoll:
»Vielleicht bringt Gott dich in diese Situation, weil er
dir gut will.«Norbert wurde wild: »Ich will aber nicht
in solche Situationen gebracht werden! Ich bin gerne
bereit, Gott zu dienen – aber das ist eh schon anstren-
gend genug!« Michael lenkte ein: »Klar, kann ich verstehen – der Auftrag ist wirklich eine Zumutung, zugegeben. Aber vielleicht geht Gott ja mit, vielleicht will
er was mit dir, probier's doch – und dann können wir
ja noch einmal miteinander reden!«

Norbert wußte daraufhin nichts mehr zu sagen, er
war verärgert und durcheinander und fühlte sich

nicht ganz ernst genommen. Michael hatte gut reden – ein paar konkrete Hinweise statt der salbungsvollen Worte wären Norbert wirklich lieber gewesen. Er verabschiedete sich kurz von seinem Lehr-Engel und knallte doch tatsächlich, aber wirklich nur aus Versehen, die Wolkentür laut hinter sich zu.

Draußen schimpfte Norbert los – »nochmal miteinander reden ... hah ... der hat ja nicht mal richtig zugehört ...« – er brummelte verärgert vor sich hin – »die spinnen ja alle miteinander!« – und schlug ohne groß darüber nachzudenken, den Weg zu seiner Heimatwolke ein. »Krisanistan – so ein Quatsch – und warum gerade ich? Da könnten doch weiß Gott andere...«

Er war ratlos und verärgert und haderte mit seinem Schicksal. Ein unmöglicher Auftrag, Michael, der ihn im Stich ließ – und Peter war auch nicht da! Sonst hätte man ja wenigstens mit dem zusammen mal überlegen können – aber nein ...

Daheim angekommen, griff Norbert automatisch nach seinem Flugrucksack und fing mit dem Packen an. Schlafsack, Gesangbuch, Seife und Zahnpasta, ein bißchen Geld, ein Pullover, Socken – all das, was ein Engel halt so braucht, wenn er sich in irdischen Gefilden bewegt. Die gewohnten Handgriffe waren ihm vertraut und beruhigten ihn auch ein wenig – aber Kristanistan und Gottes Auftrag ließen ihn nicht los.

Plötzlich merkte er auf, sah sich selbst beim Packen zu – und mußte auf einmal lachen. Da wußte er noch überhaupt nicht, was er mit diesem Auftrag Gottes anfangen sollte – und hatte doch ganz nebenbei schon seinen Flugrucksack gepackt. Also gut – irgendwie schien die Entscheidung gefallen zu sein.

Er klüngelte noch ein bißchen herum, goß die Blumen, zog die Uhr auf, räumte dort was weg und ordnete da was ein – aber schließlich faßte er sich ein Herz. Es wurde auch nicht besser oder einfacher, wenn er hier weiter vor sich hin kramte. Vor diesem Auftrag konnte er nicht fliehen, also mußte er es zumindest versuchen – und wenn er scheitern würde, dann hatte er es wenigstens probiert. Und eigentlich, das spürte er in diesem Moment ganz genau, wollte er auch nicht fliehen – bei aller Bangigkeit im Herzen. Vielleicht hatte ja Michael mit seinen Worten nicht so ganz unrecht, vielleicht wußte Gott ja wirklich, was er da tat, wenn er ihn nach Krisanistan schickte – aber dann hätte er es ja wenigstens ein bißchen praktischer formulieren können ...

Schließlich setzte er seinen Flugrucksack auf, schloß seine Wolkentür ab, sagte dem Nachbarn Bescheid und bat ihn, seine Wolke im Blick zu behalten – und flog endlich los.

Irgendetwas mußte bei seiner Flugplanung vollkommen falsch gelaufen sein – Norbert geriet mitten in das Geschützfeuer über der Hauptstadt Krisanistans. Zumindest seine Ankunft hatte er sich noch ein wenig angenehmer vorgestellt. Aber so pfiff und schoß es plötzlich um ihn herum, er zog Kopf und die Flügel ein und hoffte, daß es irgendwie vorbeigehen würde. Aber dann war plötzlich ein höllischer Schmerz in seinem linken Flügel, und Norbert war froh, noch halbwegs eine Notlandung in einem großen Park anpeilen zu können.

Er streifte leicht einen Baumwipfel, ein Fuß verfing sich in einem Strauch, und Norbert fiel ziemlich unsanft auf den harten Boden. Seine Nase blutete – aber immerhin, er war gelandet. Norbert holte tief Luft und sah sich dann vorsichtig nach seinem linken Flügel um. Oje, das sah ganz und gar nicht gut aus. Er mußte von einer Kugel oder einem Bombensplitter getroffen worden sein. Federn hingen lose herum, an einigen Stellen war Blut, manche Federn waren schwarz versengt – und mitten in seinem wunderschönen Flügel klaffte ein großes Loch! Norbert zitterte leicht – das fing ja gut an. Er hatte Schmerzen und auf einmal war ihm ganz weich in den Knien. Es wurde dunkel um ihn, die Knie gaben nach – dann bekam Norbert nichts mehr mit.

Als er aus seiner Ohnmacht erwachte, war es Nacht geworden. Norbert lag auf dem Boden, schlug die Augen auf und dachte als allererstes: Was tut denn da so weh? Und – wo bin ich denn? Nur langsam kam die Erinnerung zurück: Der Auftrag Gottes, der Flug nach Krisanistan, der Bombenhagel, die peitschenden Schüsse, seine Verletzung, schließlich die Notlandung im Park. Er setzte sich vorsichtig auf, bewegte Arme und Beine, es schien zum Glück nichts gebrochen zu sein, nur der rechte Fuß tat ein wenig weh. Er sah sich nach seinem linken Flügel um, der viel von seiner Pracht eingebüßt hatte: Die Federn waren zerzaust, von Blut verklebt, eine seltsame Farbmischung aus weiß und rot und schwarz – mittendrin unübersehbar ein großes Loch.

Norbert seufzte – er hatte ja geahnt, daß das schiefgehen würde. Aber er hatte nicht gedacht, daß es ihn schon beim Anflug erwischen würde. Zum Helfen ausgeschickt – und jetzt hing er da mit seinem verletzten Flügel und war selbst auf Hilfe angewiesen. So konnte er nicht fliegen, so konnte er überhaupt nichts tun – sein Flügel mußte verbunden werden, er mußte irgendwo ausruhen, um wieder zu Kräften zu kommen. Kurz: Er brauchte Hilfe – aber woher und wie? Er schaute sich um – und plötzlich wurde ihm bewußt, was da um ihn los war: Schüsse gellten, Granaten heulten, Menschen schrieen, der Himmel war von rotglühendem Feuer erhellt. Bisher war er so benommen gewesen, daß er gar nichts von dem mitbekommen hatte, was da um ihn herum geschah – aber so allmählich wurde ihm klar, daß er wohl mitten in das Zentrum des Kriegsgeschehens hineingeraten war. Norbert hatte Angst – und das war ein ganz neues Gefühl für ihn. Ihm war flau im Magen, seine Flügel zitterten – und in seinem Kopf jagten sich tausend Phantasien, was wohl noch alles passieren könnte. Ob er wohl jemals wieder in den Himmel ... und ob er Peter nochmal wiedersehen ... – und sein schöner Flügel ... Er weinte heftig vor sich hin, vor Schmerzen, vor Angst, in all seiner Verlassenheit und Hilflosigkeit.

Um ihn herum ließ die Schießerei allmählich nach. Nur hier und da war noch ein Schuß zu hören – Norbert horchte auf. Er wußte, er mußte irgendwie Hilfe finden und dazu mußte er den Schutz des Parks verlassen. Ob es jetzt vielleicht günstig war?

Stöhnend stand er auf und sah sich nach seinem Flugrucksack um. Schließlich entdeckte er ihn in dem Strauch, in dem er mit seinem Fuß hängengeblieben war, zum Glück war nichts verloren gegangen. Er nahm ihn in die Hand und kroch mehr als er ging einem großen Tor entgegen, das er vorhin entdeckt hatte. Er hatte wahnsinnig Angst – aber er mußte es einfach probieren.

Jeder Schritt tat ihm weh, und er kämpfte sich mühsam vorwärts. Schließlich erreichte er das Tor und drückte den Griff probeweise hinunter – hoffentlich war es nicht versperrt! Der Griff gab nach, das Tor öffnete sich mit lautem Knarren. Norbert war erleichtert – die hohe Mauer zu überklettern, das hätte er in seinem Zustand ganz sicher nicht geschafft – vom Fliegen ganz zu schweigen. Er machte einen zögernden Schritt nach vorne und sah sich vorsichtig um. Der Gefechtslärm war verstummt, vor ihm lag eine breite Straße, kein Mensch war zu sehen. Norbert trat hinaus, er konnte es wohl riskieren. Aber dann war er unschlüssig – sollte er sich nach rechts oder nach links wenden? Die Häuser, sofern sie noch standen, sahen alle gleichermaßen abweisend und dunkel aus, nirgends gab es ein Licht, das ihm den Weg weisen konnte. Er zögerte ein bißchen, wandte sich dann aber nach rechts, einem spontanen Gefühl nachgebend.

Er stolperte die Straße entlang, es kostete ihn unsagbar viel Kraft – und manchmal spürte er die Sehnsucht, sich jetzt einfach irgendwo hinzulegen und einzuschlafen. Aber dann riß er sich wieder zusammen und tappte noch einen Schritt weiter und noch einen und noch einen ...

Schließlich stand er vor einem kleinen, dunklen Haus. Er lauschte und schaute, alles war ruhig und dunkel. Norbert war am Ende seiner Kraft, er konnte nicht mehr – und wenn hier niemand war, der bereit war, ihm zu helfen ...

Er klopfte zögernd, voller Angst, daß niemand öffnen würde. Umso erleichterter war er, als nach kurzer Zeit die Tür ein klein wenig aufging und eine Stimme vorsichtig fragte: »Ja?« – »Ich bin verletzt und kann nicht weiter...«, brachte Norbert mühsam hervor.

»Oh!«, sagte die Stimme mitfühlend, die Tür öffnete sich weit, und Norbert wurde von zwei Händen in einen Flur hineingezogen. Dort brannte eine Kerze, die den Raum notdürftig erhellte. Hinter ihm wurde die Tür rasch wieder geschlossen, und als Norbert sich umdrehte, sah er eine ältere Frau, sauber, aber ärmlich gekleidet – und sie schaute ihn mit warmen Augen an, die ihn für einen Moment alles andere vergessen ließen. Sie zog ihn näher ans Licht heran, um ihn zu betrachten – und sagte schließlich: »Na, Sie hat's wohl ziemlich bös erwischt. Kommen Sie, wir gehen ins Wohnzimmer, da ist besseres Licht, da kann ich mir die Wunde anschauen.« Vom einen auf den anderen Augenblick fühlte Norbert sich geborgen und aufgehoben und verlor seine Angst. Er folgte der Frau in ein gemütliches Zimmer, in dem die Fenster verdunkelt waren und einige Kerzen brannten.

»Laß mal sehen!«, sagte die Frau und wechselte auf das »Du« über. Norbert hatte überhaupt keine Scheu, sie seinen Flügel untersuchen zu lassen, sie war ihm sympathisch, und er hatte Vertrauen. »Du siehst etwas ungewöhnlich aus mit deinen Flügeln«, sagte die Frau ganz beiläufig. »Ich bin ein Engel...«, Norbert staunte selbst, daß er dieser Frau das so einfach eingestehen konnte. Schließlich offenbaren sich Engel nur ausgesprochen ungern und selten in ihrem Engel-Dasein. Und in anderen Begegnungen hätte er sich lieber die Zunge abgebissen, als zuzugestehen, daß er aus den himmlischen Sphären kam – aber hier war es möglich. Seltsamerweise schien die Frau sich überhaupt nicht darüber zu wundern, daß sie einen Engel beherbergte.

»Ich habe noch nie einen Flügel verbunden,« sagte die Frau nachdenklich, »aber ich kann's ja mal versuchen.« Norbert konnte die zarte Behandlung ihrer Hände gut zulassen, sie wusch und verband die Wunde, sie bürstete die anderen Federn, so daß sein Engelsflügel wieder ganz weiß und sauber war, jetzt allerdings mit einem Verband um die beschädigten Federn.

Dann schürte die Frau das Feuer im Kamin, bat ihn an einen großen Eßtisch und stellte ihm einen Teller Suppe hin. Norbert aß heißhungrig, die Suppe war kräftig und gehaltvoll. Schließlich lehnte er sich zufrieden zurück: »Jetzt geht's mir wieder besser!« – Die Frau sah ihn an und sagte behutsam: »Ich will ja nicht in dich dringen, aber was ist denn los mit dir?«

Und, durch diesen zarten Zuspruch ermuntert, packte Norbert aus.

Er erzählte von seiner Ausbildung, von seiner Vorfreude auf das Engelsdiplom und seinem zukünftigen Beruf, von dem unmöglichen Auftrag Gottes an ihn, von seiner Rat- und Hilflosigkeit – und dann fügte er leise hinzu«: »Ja, und jetzt bin ich wohl wirklich gescheitert. Ein Engel, zum Helfen ausgeschickt, mit lädiertem Flügel – und nun selbst auf Hilfe angewiesen.« Und bitter lächelnd fügte er hinzu: »Schon im Anflug sozusagen versagt – wenn Gott mal wirklich was von mir will...«

Die Frau schwieg lang, dann sagte sie leise und behutsam: »Könnte es sein, daß dir gerade das noch gefehlt hat?« – »Wie meinst du das denn?«, fragte Norbert überrascht. »Naja«, sagte die Frau, »du denkst und meinst vielleicht, daß man nur dann ein guter Engel ist, wenn man seine Aufgaben immer alle ganz hervorragend erfüllt, immer für andere da ist und selbst nie eine Schwäche zeigt.« – Norbert stimmte ihr zögernd zu: »Schon – das ist doch schließlich so, oder?« – »Es mag was Richtiges dran sein, aber ich glaube nicht, daß das alles ist.« – »Wie, es ist nicht alles? Was soll ich denn noch alles tun? Mir reicht das grad schon!« Norbert brauste auf, »ich kann nicht mehr, und ich will nicht mehr! So hab ich mir meinen Dienst nicht vorgestellt!«

Die Frau mußte über die heftige Reaktion des jungen Engels ein wenig lächeln, aber es war ganz viel

Liebe dabei. »Vielleicht brauchst du gar nicht mehr zu tun, vielleicht mußt du es einfach anders tun,« sagte sie schließlich nachdenklich. »Ich glaube, daß nur der wirklich helfen kann, der auch die Not, das Verletztsein, das Scheitern kennt. Alle anderen reden über etwas, das sie gar nicht kennen. Diejenigen, die am eigenen Leib erfahren haben, was es bedeutet, verletzt zu sein, nicht mehr weiter zu wissen – die reden anders darüber. Und sie helfen anders.«

»Wie meinst du das, sie helfen anders?« fragte Norbert nach. Irgendwas an den Worten der Frau hatte sein Herz berührt.

»Manche Menschen meinen zu helfen, aber dabei geben sie lediglich von ihrem Überfluß ab. Sie geben das her, was sie nicht mehr brauchen, für das sie keine Verwendung haben – einen Zehn-Mark-Schein bei der Kollekte, die unmodern gewordenen Kleider für die Caritas, sie stellen sich zwar zur Verfügung, aber wollen als Gegenleistung dafür geliebt werden. Sie geben Brot, Kleider, Geld – aber sie schenken ohne Herz und ohne Liebe. Diejenigen aber, die selbst schon mal verletzt oder krank waren, die gescheitert sind oder nicht mehr weiter wußten, die haben erfahren, daß es auf das Herz ankommt bei dem, was man tut. Und das ist genau der Unterschied: Die einen geben das, was sie nicht mehr brauchen – und die anderen geben sich.«

Norbert dachte lange nach – er hatte zwar immer seine Pflicht getan, aber sein Herz war oft nicht dabeigewesen. Und dann fiel ihm noch ein, wie er auf die Engel mit den lädierten Flügeln herabgesehen hatte.

»Ich glaube, ich habe heute abend was Wichtiges gelernt!« sagte Norbert nachdenklich – und dann nahm er die Frau in den Arm und hielt sie ganz lange fest.

Wie der Hl. Andreas die
Weihnachtsplätzchen erfunden hat

Der Nikolaus war unruhig. Kein Wunder, es war Mitte November und sein großer Tag rückte allmählich näher und näher. Aber das allein war es nicht, den Streß kannte er – aber was ihn wirklich beunruhigte und was ganz und gar ungewöhnlich war: Sein Geschenklieferant hatte die bestellten Waren noch nicht geliefert. Eigentlich war er die ganzen Jahre zuverlässig gewesen – und Nikolaus hatte auch gar keinen Grund zum Zweifel, daß seine Bestellung noch irgendwie rechtzeitig eintreffen würde – aber unruhig machte es ihn schon. Angenommen, der Nikolaustag käme – und er hätte keine Geschenke, keine Teddys und Puppen, keine Eisenbahnen und Bücher. Nicht auszudenken – ein Nikolaustag ohne Geschenke!

Er hatte sich im Sommer mit dem Aussuchen viel Mühe gegeben – es war ja schon schwierig genug, mitten im Sommer an den 6. Dezember zu denken. Aber dann war er doch ganz zufrieden gewesen mit seiner Wahl: schönes Holzspielzeug, spannende Bücher, nette Plüschtiere – damit machte er den Menschen bestimmt viel Freude!

Aber – dazu mußte er die Geschenke erst einmal haben. Bestellt hatte er rechtzeitig – und er hatte überhaupt keine Erklärung, warum die Firma dieses Jahr so spät lieferte. Er hatte schon mehrmals geschrieben – aber es kam keine Reaktion.

Täglich schaute er voller Hoffnung bei der Paketstelle vorbei. Aber der diensthabende Engel, dem Nikolaus seine Sorgen anvertraut hatte, mußte ihn jeden Morgen neu enttäuschen: »Tut mir leid, aber es ist wieder nichts für dich dabei!«

So allmählich geriet der Nikolaus doch in Panik. Was, wenn der sechste Dezember käme – und er hätte keine Geschenke?

Plötzlich klingelte das Telefon. Nikolaus zögerte einen Moment, aber dann hob er doch den Hörer ab: »Hier ist der Nikolaus.« – »Und hier ist Andreas. Du, ich wollte dich nur rasch an das Fest bei mir am 30. November erinnern. Du kommst doch, oder?« Der Nikolaus seufzte unhörbar vor sich hin. Seit einiger Zeit hatte es sich im Himmel eingebürgert, daß jeder Heilige an dem Tag, wenn die Menschen dessen Namenstag auf der Erde feierten, im Himmel einen ausgab für alle Kollegen. Nikolaus hatte dem Brauch noch nie allzuviel abgewinnen können, denn an seinem Namenstag war er selbst so im Streß, daß er da nicht auch noch groß

was für die Kollegen organisieren wollte und konnte –
und außerdem war diese Umtrunksache in letzter Zeit
irgendwie ziemlich ausgeartet, schließlich hatte an fast
jedem Tag irgendeiner der Heiligen Namenstag und
nachdem mal einer angefangen hatte, alle einzuladen,
fühlten sie sich natürlich wiederum verpflichtet.

Nikolaus hatte im Moment, weiß Gott, andere
Sorgen. Was sollte er nur tun, wenn die Geschenke
nicht rechtzeitig ankämen. Und verpackt werden
mußten sie ja auch noch! Andererseits, schließlich
war der Hl. Andreas sein Nachbar, da konnte Nikolaus
schlecht nein sagen. Er tröstete sich insgeheim, daß bis
zum Fest ja noch ein paar Tage Zeit war. Vielleicht
waren ja bis dahin die Geschenke angekommen – und
er konnte dann in aller Ruhe mit Andreas und den
anderen feiern. »Sag mal, bist du eigentlich noch
dran?« fragte Andreas' Stimme am anderen Ende der
Leitung. Nikolaus zuckte zusammen, tatsächlich – er
war so in Gedanken versunken gewesen, daß er ganz
vergessen hatte, daß er den Telefonhörer in der Hand
hielt und Andreas noch in der Leitung war. »Ent-
schuldige, Andreas, aber ich war grad mit meinem
Gedanken woanders!« – »Das hab ich gemerkt – also,
du kommst doch zum Fest, oder?« fragte Andreas
beharrlich nach. »Ja, sicher doch«, sagte Nikolaus ein-
lenkend, »und ich freu mich auch schon drauf!« Aber
es klang, ehrlich gesagt, nicht so besonders begeistert.

Die Tage vergingen, aber die Geschenke wurden nicht geliefert. Nikolaus schickte Brief um Brief, versuchte in der Firma anzurufen – aber ohne Erfolg. Niemand antwortete auf seine Briefe, niemand nahm das Telefon ab – und die Geschenke wurden auch nicht geliefert. Seine Stimmungen wechselten rasch – er war zornig und wütend, ratlos und verunsichert, dann wieder hoffnungsvoll und optimistisch. Die Firma hatte ihn noch nie im Stich gelassen – und sie wußte doch auch, worum es bei diesem Auftrag ging.

Was aber, wenn doch das Schlimmste eintreffen würde? Ein Nikolaustag ohne Teddys und Puppen, ohne Eisenbahnen und Bücher? Er wagte gar nicht, es sich vorzustellen. Der Paketengel schaute immer schon ganz mitfühlend, wenn Nikolaus wieder vorbeikam, und schüttelte inzwischen nur noch schweigend den Kopf.

Schließlich war Nikolaus so verzweifelt, daß er Petrus um Hilfe bat. Er schilderte ihm die Situation und fragte Petrus, ob er nicht mal einen Engel bei der Firma vorbeischicken könnte, der nachschauen könnte, was denn da möglicherweise los war.

Petrus kam der Bitte gerne nach, doch auch der Versuch hatte keinen Erfolg. Der Engel kehrte mit der Auskunft zurück, daß am Tor der Firma ein großes Schild hing, »Vorübergehend geschlossen« – und auf dem ganzen Firmengelände kein Mensch zu sehen war.

Der Nikolaus war schlichtweg ratlos. Inzwischen war es Ende November – und die Geschenke waren nicht da. Und viel Hoffnung hatte er nicht mehr. Was sollte er nur tun? Er konnte doch nicht einfach den Nikolaustag absagen, auf den sich die Menschen und vor allem die Kinder so sehr freuten?! Aber ein Nikolaustag ohne Geschenke – das war auch nichts ...

Und dazu war heute abend noch das Fest bei Andreas. Er hatte überhaupt keine Lust darauf – aber schließlich hatte er zugesagt. Und vielleicht würde ihn das auf andere Gedanken bringen, auch wenn ihm gar nicht nach Feiern zumute war.

Er trödelte am Abend noch lange herum, dann hing er sich schließlich seufzend seinen Mantel um. Er wollte auf seinem Weg zu Andreas noch einmal kurz bei der Paketstelle vorbeischauen, vielleicht ... obwohl, der Paketengel hatte versprochen, ihn umgehend zu informieren, wenn die Lieferung käme. Und so war es dann auch – der Paketengel schaute ihn nur kurz an, zuckte mit den Achseln – und sortierte ganz rasch wieder seine Päckchen. Und der Nikolaus schlich mehr als er ging, mit hängenden Schultern, zur Wolke, auf der der Hl. Andreas wohnte.

Andreas begrüßte ihn fröhlich – aber als er den Nikolaus anschaute, nahm er ihn und führte ihn ein bißchen abseits. »Was ist denn mit dir los?«, fragte er behutsam. Nikolaus zögerte einen Moment – er wollte

Andreas schließlich sein Fest nicht verderben! – aber dann brach es doch aus ihm hervor. »Die Geschenke für den Nikolaustag sind nicht geliefert worden! Und alle freuen sich darauf – und ich habe nichts, absolut nichts, was ich den Menschen als Geschenk bringen kann! Das geht doch nicht – und was soll ich nur machen ... und ...«, Nikolaus schluchzte. Andreas horchte auf, er hatte den Nikolaus noch nie weinen gesehen – und wenn keine Geschenke für den Nikolaustag da waren, dann war das wirklich eine schlimme Sache. »Hast du dich denn mal mit der Firma in Verbindung gesetzt?« – »Ich hab alles probiert, da meldet sich niemand! Ach, Andreas, ich weiß nicht mehr, was ich tun soll!«

Andreas dachte einen Augenblick lang nach, dann sagte er, »Setz dich mal hier in die Ecke. Da sieht dich niemand und du bist ungestört. Ich bring dir was zum Trinken vorbei – und nachher, wenn es hier ein bißchen ruhiger geworden ist, denken wir mal zusammen nach, was wir tun können.«

Andreas' ruhige, vermittelnde Art tat dem Nikolaus gut, und er ließ sich aufseufzend in die dunkle Wolkenecke fallen. Aber seine Gedanken kreisten immer wieder nur um das eine – und er fand und fand keinen Ausweg ...

Später setzte sich Andreas zu ihm. »Also, du hast keine Geschenke für die Menschen am Nikolaustag?!«,

faßte er nochmal kurz die Situation zusammen. »Ja,«
antwortete der Nikolaus, »und dabei hab ich so früh
bestellt und so sorgfältig ausgesucht. Und die Firma hat
mich noch nie im Stich gelassen!« – »Glaubst du dran,
daß die noch liefern werden?« – So deutlich auf den
Punkt gebracht, mußte der Nikolaus sich selbst und
Andreas zugestehen, daß er eigentlich nicht mehr
daran glaubte. »Hm,« Andreas dachte nach, »gar nicht
so einfach. Aber dann müssen wir eben irgendwas
selbst machen, was wir den Menschen schenken können.« – Der Nikolaus schaute ihn vollkommen entgei-
stert an: »Wie meinst du das denn? Denkst du etwa an
Laubsägearbeiten oder handgestrickte Socken oder so
was?« – »Das sind zwar auch ganz nette Dinge, aber
dafür haben wir wohl keine Zeit mehr,« erwiderte Andreas ungerührt. »Nein, ich denke an backen!« – »An
backen??« Nikolaus war sich nicht so ganz sicher, ob er
mit seinen Problemen von Andreas wirklich ernst
genommen wurde. »Klar«, sagte Andreas, »denk doch
mal nach, Nikolaus! Wenn wir nichts haben, was wir
schenken können, müssen wir selbst was machen. Und
was können wir hier im Himmel in so kurzer Zeit her-
stellen? Da bleibt nur backen – wir backen einfach die
Geschenke!« – »Und wie stellst du dir das, bitte schön,
vor?« Nikolaus war noch immer ziemlich überrascht.
»Ganz einfach – Mehl haben wir hier oben ausreichend, der Backofen in der Himmelsküche ist groß

genug – und ausreichend Engel können wir notfalls auch organisieren. Zugegeben, bisher haben wir immer nur Manna gebacken – aber wenn man da noch ein paar Eier und Zucker zugibt, und vielleicht noch Schokolade ...« Andreas' Stimme klang plötzlich sehr genüßlich, und irgendwie bekam man das Gefühl, daß er schon lange davon geträumt hatte, aus dem himmlischen Manna noch ein bißchen mehr zu machen.

Als Nikolaus ihn ansah, keimte eine erste Hoffnung in ihm auf. »Und du meinst, wir sollen dann aus dem Teig Eisenbahnen und Bücher, Teddys und Puppen machen und so?«, fragte er vorsichtshalber nochmal nach. »Naja – Eisenbahnen sind vielleicht ein bißchen schwierig zu formen – und es könnte sein, daß wir dazu nicht mehr die Zeit haben. Aber was hältst du denn von Herzen und Tannenbäumen und Engeln und Sternen? Das müßten wir doch eigentlich hinbekommen!«

Der Nikolaus begann zu hoffen. »Und du denkst, daß wir die Tannenbäume und Sterne dann einfach backen und den Menschen schenken?« Andreas nickte, »ja, so könnte ich mir das denken!«

Nikolaus dachte nach und kam zu der Überzeugung, daß dies möglicherweise besser als gar nichts war. Also gut! Nur zwei Fragen quälten ihn noch: »Aber – woher willst du denn Zucker und Eier und Schokolade bekommen – und wer um alles in der Welt soll denn das alles machen?« Andreas lächelte. »Gar kein Problem, ich kenn da einen kleinen Jungen, der hat ein Pfund Zucker und sechs Eier und eine Tafel Schokolade – mit dem könnt ich mal reden – und dann starten wir einen Arbeitsgroßeinsatz!« Nikolaus schwieg leicht verwirrt. Er erinnerte sich dunkel, Andreas hatte schon einmal ein paar Fische und Brote vermittelt, die ein kleiner Junge mitbrachte. Er traute ihm in dem Bereich durchaus einiges zu. Aber ein Backgroßeinsatz im Himmel? Das hatte es noch nie gegeben ...

Andreas nahm kurzerhand die Sache in die Hand. Er organisierte Engel und Heilige – wer nicht irgendwas absolut Dringendes zu tun hatte, wurde zur Backstube befohlen. Wie durch ein Wunder standen ausreichend Eier, Zucker und Schokolade bereit. Und dann entfachte sich ein Feuerwerk an Betriebsamkeit. Andreas hatte das Rezept groß auf eine Wand geschrieben, und in einer Ecke wurde fleißig der Teig angerührt. Die Schüsseln wanderten zur nächsten Wolke, wo die kräftigsten Engel und Heiligen dazu abgeordnet waren, den Teig dünn auszurollen. Dann wanderten die Teigplatten zur nächsten Station, wo einige künstlerisch begabte Engel daraus Tannenbäume und Herzen und Sterne schnitten – und einige machten sogar Kühe und Trauben und Lämmer. Die fertigen Figuren wanderten auf Backbleche, die dann wiederum von den Backengeln übernommen wurden. – Sie schoben sie in die Backöfen – und holten sie rechtzeitig wieder heraus, und nach einer Zeit der Abkühlung strich schließlich die Gruppe der Malerengel Schokoladenguß darauf – auch wenn sie heftig gegen den Mißbrauch ihrer Fähigkeiten protestierten.

Aber Andreas blieb hart – jetzt mußten alle zusammenhelfen, damit der Nikolaustag gerettet war – da war keiner was Besseres. Er selbst war überall, half dort aus, wo es zu Engpässen kam – und sah nebenbei ab und an nach dem Nikolaus, den diese Betriebsamkeit vollkommen überrollt hatte. Er saß in seiner Ecke, staunte nur noch und bedankte sich bei jedem einzelnen Engel und Heiligen, der an ihm vorbeikam – und hielt den ganzen Betrieb damit eher auf. Aber das bemerkte der Nikolaus gar nicht, er war so glücklich, daß der Nikolaustag gerettet war, daß er das auch jedem sagen wollte!

Andreas erkannte seine Situation – und gab ihm kurzerhand den Auftrag, eine Liste zusammenzustellen, wer wieviel Plätzchen bekommen sollte, damit die Engel, die mit dem Einpacken beauftragt waren, endlich anfangen konnten. Die konkrete Aufgabe tat dem Nikolaus gut – und so setzte er sich hin und schrieb Listen mit Namen und Zahlen und vergaß dabei vollkommen seine Verwirrung ...

Im Himmel breitete sich ein wunderbarer Geruch aus. Beutel um Beutel mit aus Teig gebackenen Sternen und Tannenbäumen, Herzen und Engeln und ab und an einer Kuh und einer Lokomotive stapelten sich am Himmelstor. Nikolaus holte glückselig seinen Schlitten und die Rentiere hervor – und begann zu packen. Das hätte er nicht gedacht, daß er an diesem Nikolaustag den Menschen doch etwas würde schenken können!

Er fuhr mit seinem Schlitten und tausenden gepackter Päckchen voller Weihnachtsplätzchen zur Erde – und als die Menschen am 6. Dezember morgens aufwachten, stand vor jeder Tür eine Tüte mit gebackenen Engeln und Sternen und ... – aber das wissen wir ja schon.

Die meisten waren neugierig und probierten die Plätzchen, und sie schmeckten ihnen ausgesprochen gut. Es gab nur wenige, die diese Botschaft nicht verstanden und den Büchern und Modelleisenbahnen hinterhertrauerten.

Tatsache ist, daß viele Menschen diese himmlische Idee übernahmen – und seitdem backen sie Weihnachtsplätzchen. Sie sind oft noch auf der Suche nach dem besten Rezept – aber an Weihnachtsplätzchen geht kein Weg mehr vorbei.

Im Himmel bestanden die Engel darauf, auch in den kommenden Jahren Weihnachtsplätzchen zu bakken, auch wenn sie nur für den Eigenbedarf gedacht waren. Aber die Aktion hatte ihnen ziemlich viel Spaß gemacht – und es war ja mal was anderes, als immer nur Manna zu backen. Und auch sie wetteiferten um die originellsten Rezepte und Ideen.

Seit dem Jahr gibt es die Weihnachtsplätzchen – und man muß ehrlicherweise dazusagen, daß sie vom hl. Andreas erfunden wurden. Ich persönlich bin ganz froh über diese Erfindung …

Liebhaberausgabe der Märchen
vom kleinen Drachen Hab-mich-lieb

Andrea Schwarz
Kleine Drachen sind eben so
Die Märchen vom Drachen Hab-mich-lieb
160 Seiten, Halbleinen, ein Zeichenband
ISBN 3-451-26460-9

Selbstfindung und Angenommensein das sind die zentra-
len Themen der Geschichten um den kleinen Drachen Hab-
mich-lieb, die so wahr sind, wie es nur Märchen sein können.
Für alle Fans der sensiblen Drachen-Dame und die, die es noch
werden wollen, sind jetzt die beiden beliebten Bücher »Der
kleine Drache Hab-mich-lieb« und »Kater sind eben so« zusammen als preiswerte Liebhaberausgabe erschienen.
Ein Geschenk für sich und andere.

Verlag Herder

Andrea Schwarz

Ich bin verliebt ins Leben
2. Auflage, 64 Seiten mit 16 farbigen Abbildungen, gebunden
ISBN 3-451-23311-8

Ich mag Gänseblümchen
Unaufdringliche Gedanken
16. Auflage, 96 Seiten mit zahlreichen Abbildungen, Paperback
ISBN 3-451-20531-9

Bunter Faden Zärtlichkeit
12. Auflage, 96 Seiten mit zahlreichen Abbildungen, Paperback
ISBN 3-451-20737-0

Ich bin Lust am Leben
Mit Widersprüchen leben – Spannungen aushaltem
6. Auflage, 144 Seiten, gebunden
ISBN 3-451-22640-5

Wenn ich meinem Dunkel traue
Auf der Suche nach Weihnachten
3. Auflage, 112 Seiten, gebunden
ISBN 3-451-23200-6

Ich suche und finde das Leben in mir
2. Auflage, 72 Seiten, gebunden
ISBN 3-451-23933-7

Mich zart berühren lassen von Dir
Ein Hohes Lied der Liebe
72 Seiten, gebunden
ISBN 3-451-23937-X

Mit Leidenschaft und Gelassenheit
2. Auflage, 120 Seiten, gebunden
ISBN 3-451-23483-1

Anselm Grün / Andrea Schwarz
Und alles lassen, weil Er mich nicht läßt
Lebenskultur aus dem Evangelium
4. Auflage, 220 Seiten, gebunden
ISBN 3-451-23778-4

Wenn Chaos Ordnung ist
144 Seiten, gebunden
ISBN 3-451-26344-0

Verlag Herder